阅读成就思想……

Read to Achieve

客户哪里来

搞定客户的100天行动计划

［美］安德鲁·索贝尔（Andrew Sobel）◎著　范连颖◎译

It Starts with Clients

Your 100-Day Plan to Build Life long Relationships and Revenue

中国人民大学出版社
·北京·

图书在版编目（CIP）数据

客户哪里来：搞定客户的100天行动计划／（美）安德鲁·索贝尔（Andrew Sobel）著；范连颖译.--北京：中国人民大学出版社，2023.6
书名原文：It Starts with Clients: Your 100-Day Plan to Build Life long Relationships and Revenue
ISBN 978-7-300-31691-8

Ⅰ.①客… Ⅱ.①安… ②范… Ⅲ.①企业管理－供销管理－通俗读物 Ⅳ.①F274-49

中国国家版本馆CIP数据核字(2023)第094895号

客户哪里来：搞定客户的100天行动计划
[美] 安德鲁·索贝尔（Andrew Sobel） 著
范连颖 译
KEHU NALILAI : GAODING KEHU DE 100 TIAN XINGDONG JIHUA

出版发行	中国人民大学出版社		
社　　址	北京中关村大街31号	邮政编码	100080
电　　话	010-62511242（总编室）		010-62511770（质管部）
	010-82501766（邮购部）		010-62514148（门市部）
	010-62511173（发行公司）		010-62515275（盗版举报）
网　　址	http://www.crup.com.cn		
经　　销	新华书店		
印　　刷	天津中印联印务有限公司		
开　　本	890 mm×1240 mm　1/32	版　次	2023年6月第1版
印　　张	8　插页1	印　次	2025年9月第3次印刷
字　　数	165 000	定　价	69.00元

版权所有　　侵权必究　　印装差错　　负责调换

本书赞誉

《客户哪里来》这本书不同凡响,极受欢迎,凝练了安德鲁多年的经验,见解独到,可读性强。无论你是首次阅读他的作品,还是想了解最新知识来丰富自己,遵循这些非常实用的建议,无论处于职业生涯的哪个阶段,你都可以建立更好的客户关系。

——迈尔斯·科森(Myles Corson)
安永会计师事务所(Ernst & Young)财务会计咨询服务市场主管

我喜欢这本书。与其他类似主题的书不同,安德鲁·索贝尔的书凝聚了数十年的经验,观点新颖,见解独到、可行。《客户哪里来》为赢得客户和留住客户提供了最佳的成功路径。

——戴夫·本奇文戈(Dave Bencivengo)
纬臻企业咨询(Weichert Workforce Mobility)总裁

丰富的经验和深入的研究使安德鲁·索贝尔可以提出大量切实可行的建议。安德鲁·索贝尔为建立客户关系提供了非常有效的实施方案，我已经看到职业新手和职业高手学习并在实践应用，取得了很好的效果。索贝尔的观点既适用于商业领域，也适用于社交领域。我强烈推荐这本书。

——杰夫·布拉达克（Jeff Bradach）
布里斯潘公益咨询公司（The Bridgespan Group）
管理合伙人兼联合创始人

我们的业务始于客户，也终于客户。安德鲁·索贝尔的《客户哪里来》以他早期的作品——《人人为我》和《提问的艺术》为基础，为读者提供了建立和维持长期客户关系的方案。安德鲁为全球客户工作的实践经验赋予了他独特的视角，使他成为一名杰出的教练。《客户哪里来》一书为取得事业成功提供了可遵循的方案，安全可信。我向所有希望培养终生客户的人推荐这本书！

——迈克尔·古拉尼克（Michael Guralnik）
花旗银行（Citibank）总经理兼营销、智力资本管理和
数字客户咨询、资金和贸易解决方案全球主管

安德鲁·索贝尔是建立客户关系方面真正的全球专家。他专注于为每一段关系带来价值。在这本最新著作中，安德鲁将建立客户关系的复杂问题分解为易于理解和遵循的分步行动计划。非常棒！

——凯伦·格林鲍姆（Karen Greenbaum）
国际猎头顾问协会（AESC）总裁兼首席执行官

在建立客户关系方面寻求切实有效、合理实用的建议时，我发现安德鲁·索贝尔的真知灼见更胜一筹。幸运的是，他将自己的指导活动和专业知识以切实可行的方式呈现在这本最新著作当中，意义非凡。

——科林·多米尼什（Colin Dominish）
GHD数码专业技术服务公司（GHD Digital）全球市场开发负责人

对于希望在咨询销售方面取得成功并扩大客户群的每一位专业人士来说，这是一份全面且实用的指南。《客户哪里来》提供了系统的方案化途径，丰富的详细操作策略，以赢得新客户并赢取客户长期忠诚。

——纳加拉惹·斯里瓦赞（Nagaraja Srivatsan）
艾昆纬公司（IQVIA）研发解决方案首席数字官

在《客户哪里来》一书中，安德鲁·索贝尔为我们下一代客户咨询专业人士提供了切实有效的操作指南——但不仅限于此。源于丰富的经验积累，这本书既鼓舞人心，又让人深受启发；既易读，又易于付诸行动。

——亚当·里德（Adam Reeder）
罗斯柴尔德集团（Rothschild & Co.）
合伙人兼全球建筑产品联合负责人

我们中的许多人都阅读安德鲁的畅销书，并从中受益。《客户哪里来》一书制订了一个完全实用且易懂的100天计划，该计划不仅对年轻的专业人士特别实用,而且对我们所有从事顾问职业的人也都很实用。我强烈推荐这本书,书中穿插有轶事,蕴含寓意,还配有新颖的插图。

——温·比肖夫(Win Bischoff)爵士
摩根大通证券有限公司董事长

我非常欣赏和重视安德鲁·索贝尔关于如何建立牢固客户关系的独特观点,安德鲁·索贝尔制定的方案可信、实用、可操作,我推荐《客户哪里来》这本书。《客户哪里来》是一本必读之书,它将帮助你迅速增加客户数量和业务量。

——妮可·乔丹(Nichole Jordan)
致同会计师事务所(Grant Thornton)增长与绩效部全国管理合伙人

《客户哪里来》这本书太棒了!著名的客户关系专家安德鲁·索贝尔基于数十年的经验,向我们展示了为什么他是该领域如此受人尊敬的思想领袖。他在建立客户关系方面的真知灼见、实施策略和实用的"操作方法"极为宝贵。这种有价值的建议更是凤毛麟角。我强烈推荐这本书!

——斯蒂芬·M.R. 柯维(Stephen M. R. Covey)
《纽约时报》和《华尔街日报》第一畅销书《信任的速度》
(The Speed of Trust)和《智能信任》(Smart Trust)的作者

对于任何寻求建立终生、盈利客户关系的专业人士来说,这是一本切实有效、简洁必读的指南。安德鲁完全掌握了分享精彩课程的诀窍，读起来轻松愉悦！

——戴安娜·布莱摩尔-摩尔（Diana Brightmore-Armor）
澳新银行（ANZ Bank）英国和欧洲、中东和非洲地区首席执行官

安德鲁·索贝尔关于如何与高层决策者建立客户关系的观点为我们提供了一个深造机会。任何职业成功取决于客户关系的人都应该阅读《客户哪里来》这本书。

——斯图尔特·杰克逊（Stuart Jackson）
艾意凯咨询公司（L.E.K. Consulting）全球管理合伙人

安德鲁依据重要性原则探讨建立牢固客户关系的方法，并将其简化为明确、实用的步骤，成效显著。我也喜欢这个100天的策略方法，它增加了这些重要挑战的紧迫性。非常棒的一本书。

——迈克尔·赫兹（Michael Hertz）
伟凯律师事务所（White & Case）首席营销官

目录

▶ chapter 1

第 1 天：定位——认清谁才是工作中的主角…1

▶ chapter 2

第 1 周行动计划：想清楚谁才是你的目标客户…11

▶ chapter 3

第 2 周行动计划：客户凭什么选择你…23

▶ chapter 4

第 3 周行动计划：如何精准匹配你的目标客户…39

▶ chapter 5

第 4 周行动计划：初次会面至关重要…55

▶ chapter 6

第 5 周行动计划：从认识到签单，做好全盘规划…79

▶ chapter 7

第 6 周行动计划：分析客户不肯下单背后的真正原因…97

▶ chapter 8

第 7 周行动计划：锁定客户的痛点问题，赢得客户信任…117

▶ chapter 9

第 8 周行动计划：
拆解真正的问题，而不是"解决"想象中的问题…129

▶ chapter 10

第 9 周行动计划：
牢记这八个重要问题，就能让你和客户的关系更加紧密…145

▶ chapter 11

第 10 周行动计划：提出好问题，挖到真需求…163

▶ chapter 12

第 11 周行动计划：
用好全局思维，从客户战略层面思考解决方案…179

▶ chapter 13

第 12 周行动计划：要想获取客户支持，这四个步骤就够了…197

▶ chapter 14

第 13 周行动计划：与高管建立关系没你想象的那么难…211

▶ chapter 15

第 14 周行动计划：如何做到吸引关键决策人——公司高管…227

▶ chapter 16

第 100 天：复盘——永远留住客户的诀窍…239

chapter 1

第 1 天：定位——认清谁才是工作中的主角

在我刚入职的第三天，一件事彻底颠覆了我对工作的看法。事情发生在我去取咖啡的路上。

在经过斯科特·坎宁安（Scott Cunningham）办公室门口时，我停住了脚步，被眼前的场景迷住了。门虚掩着，我看见斯科特在接电话，和他通话的是一位公司总裁，而这家公司是我们公司最重要的客户之一。斯科特的脚搭在桌子上，清晨的阳光透过窗户洒落在他身上，他就像一只自信满怀的丛林猫，沐浴在阳光之下。对于斯科特来说，工作不仅有趣，他还非常享受。

刚从商学院毕业的那年八月，我开始为波士顿一家顶尖的管理咨询公司工作。斯科特是高级合伙人，曾在哈佛商学院担任教授。他40多岁，眉毛粗重，一头浓密的黑发有些凌乱。他十分惬意，一边打着电话，一边把用过的便利贴揉成一团，一个接一个地扔进垃圾桶。

为什么我会被这一场景所吸引呢？因为斯科特是一个顶级"造雨人"——一位为公司带来滚滚财源的风云人物。自公司创立之初，他就一直在帮助公司发展壮大。他熟识许多公司的首席执行官（CEO）和其他高管，这些人经常打电话给斯科特征询他的建议。在斯科特写项目建议书之前，其实项目就已经成功承接了，所以建议书只是他与客户达成协议的一份备忘录而已。没有竞标，也不用辛苦地准备"征求建议书"。

光顾斯科特办公室的人都是些重要人物，这些人都想聘请他，都想与我们公司合作。这不足为奇，因为他有一种神奇的能力，能够迅速抓住客户的关键性问题，并像魔术师一样神奇般地提出精辟而有创意的解决方案。一旦承接了咨询项目，他就会召集其他顾问来帮忙，一起交付任务。这些人中就包括像我这样的年轻同事，也有其他一些合伙人，因为他们自己没有发展足够多的客户，这很是令人难过。

我突然间意识到，我想要成为像斯科特那样的人，而不是那些被委派完成斯科特承接的项目的合伙人。我渴望拥有斯科特那样的个人魅力。我认识到，我首先必须学习业务，成为一名专业的顾问。我一直记得斯科特在办公室的那个画面：他仰靠在椅背上，巧妙地应答着重要的电话，一边给那些商业巨子提供建设性意见，一边向垃圾桶里投便笺纸球。

这是你的策略手册

我开始学习斯科特发展客户的方式，仔细观察着周围像他一样的人。当然，在这个过程中，我也犯了很多错误，但是通过有意识地将自己学习的知识技能运用到工作之中，31岁的时候，我成了公司最年轻的合伙人。36岁时，我已经是高级副总裁和国外分公司的首席执行官了。之后，我成立了自己的咨询管理公司，经营业绩斐然；潜心研究企业所有人20多年，将相关策略、技能和技巧编辑成书，让更多的人能够成功地与客户保持长期业务关系。在此过程中，我出版了九本关于发展长期客户关系的书，其中包括全球畅销书《提问的艺术》(Power Questions)和《终生客户》(Clients for Life)。

在建立自己的客户基础时，总会遇到一系列困难和挑战，即便是许多专业人士，也会因此有挫败感甚至感到崩溃。我选了14个最重要的策略，准备和你分享如何将它们逐一领会并加以掌握。在我们学习过程中，你会学到一些经过证实确实有效的策略，帮助你不断开发客户、培养和维系客户关系，赢得更多客户。我曾与来自世界各地的5万多名专业人士合作过，他们都使用了这些非常相似的技巧，效果极佳。将这些技巧运用到工作之中，它们会大大提高你的成功概率。

如果将这个 100 天计划中的每一周策略都加以应用，无论你今天是什么境遇，你的客户数量和收入都会因此增加。你会成为"业务明星"，非常抢手，因为客户都信任你，认为你可以和各种企业建立关系，形成良好的客户关系，或者让已经看似无望的业务起死回生。你也会因此成为一个无可替代的人，一个能带来滚滚财源的风云人物。

然而，请记住，这场表演的真正主角是你的客户，正如本章开头的插图所示。你能成为一个业务明星，其原因在于你让客户站在舞台中心的聚光灯下，帮助他们获得成功。一旦你将重点放在自己身上，表现你自己有多精明，那么人们就会在你背后议论纷纷——当然，他们不会说你好话。

源于客户

或许处于职业生涯的早期阶段，或许刚刚开始创业，或许已经是从业多年、经验丰富、有意进入高级管理层，无论你是哪一类人，这本书都会让你事半功倍。

在 100 天里，你要制订一个计划，打磨自己的技能，与客户建立长期关系，实现收益。主要内容分解在 14 周里，每周一个挑战。如果花一天时间来完成引文和结论部分，每一周时间完成一个挑战，那么阅读文本、分析问题、制订计划和实施计划，将总共用时 100 天。不管经验程度如何，我相信你会发现发展业务的良机。

每周内容都可以作为独立章节阅读，所以你可以自由选择那些与自身特定发展需求直接相关的章节。随着本书内容的推进，挑战变得愈加艰巨。

现在的标准较以往要高很多。简而言之，向客户推销产品或提供服务，尤其当客户是大公司时，是很具有挑战性的。与过去相比，这需要更高超的技能、更敏锐的商业洞察力，因为客户们越来越老练，要求也越来越高。所以，不管今天你有多优秀，明天你都必须比今天再优秀一点点，才能取得同昨天一样的成绩。

转变思维模式，成效显著

你的专业知识和行业知识对成功地开发客户至关重要，是通往成功的敲门砖，并且在与潜在客户初次交谈之时，会为你增分不少，帮你争取到再次会面的机会。如果客户认为你可以帮助他们，他们就会愿意与你建立业务关系。

然而，过于依赖"行家经验"或过于强调"产品本身"会让你陷入麻烦。例如，一家非常成功的公司请我为他们的一位经理进行指导，原因是这位经理的销售额每年都在下滑，如今她正面临着降职甚至被解雇的风险。这位经理本人聪颖智慧，富有魅力。在我询问她开发客户的方式时，她说："我的客户了解我的工作，如果他们需要我，就会主动打电话给我。"我立刻意识到，她业绩下滑的原因在于她这种自我设限的思维模式。

我的另一个客户每次初见新客户时，都会借助内容详尽的PPT娴熟地介绍其公司的背景和服务。如果客户打断他的介绍，试图转移话题或提太多问题，他就会很紧张，结果就自顾自地继续自己的介绍。他认为多介绍产品信息，多展示专业知识会令客户对其公司产品和其本人业务能力更加信服，但实则不然。

行家思维模式的局限性

这两个人都具有我所说的行家思维模式。这是一种狭隘的、自我为中心的思维模式，它会限制你前进的步伐，甚至会阻碍你取得成功。这种思维模式会让你在客户面前对自己的产品和服务、工作方式及自己的具体情况滔滔不绝，客户会感觉应接不暇，喘不过气来。

这种思维模式也会让你视野受限，缺乏远见。例如，1980年，美国老牌电信运营商AT&T委托一家顶级咨询公司估算其2000年的手机市场规模。该公司给出的估算结果是：2000年的手机市场需求是90万部。它们的估算与实际情况竟差了1.08亿部！由于行家们没有预想到手机市场潜力如此巨大，导致AT&T错过了在这个快速发展的行业中先发制人的大好时机。

继富兰克林·D. 罗斯福（Franklin D. Roosevelt）之后担任美国总统的哈里·杜鲁门（Harry Truman）曾打趣道："行家是一类害怕学习新事物的人，因为在新的领域，他们就不再是行家了。"这表达了这样一个观点，即当我们成为行家的时候，我们就会一直想要待在自己狭窄的专业范围内。

顾问思维模式的开放性

想要看到更多的可能性，就需要广阔的视角，我称之为顾问思维模式。拥有顾问思维模式，你就会从一个广阔的视角分析客户的问题并提出解决方案。行家通常自认为是专家，但顾问也有渊博的专业知识，而且他们不仅知识渊博，还涉猎广泛。他们对客户本人、客户的业务和安排，以及客户所处的行业都有深入的了解。他们往往会根据客户的总体目标、总体战略和总体规划来制订解决方案。

如果你是行家思维模式，你往往会对客户滔滔不绝，侧重于自己广博的专业知识。你推销的方法就是热情洋溢地介绍自己的解决方案。相反，如果是顾问思维模式，你就会问一些引人深思的问题，而且会认真倾听，与别人探讨他们最关心的问题。行家努力展示其职业信誉，而顾问则培养客户对其本人的信任。行家是为薪酬受雇于人，为人行事，而顾问则会在适当的时候说"不"。

行家通常会接受客户对问题的界定，而顾问只要有可能，就会与客户转换思维方式去考虑问题，以便全方位界定问题，提出更全面的解决方案。后者的影响更广，客户价值也更大。总之，行家思维模式的人，往往只关注与客户之间的当前交易，而顾问思维模式的人则更具有远见，非常重视与客户之间的长期关系，即便客户不支付咨询费，他们仍然会增加客户价值，就像一个值得信赖的顾问一样行事。

如果思维模式不从行家模式转变为顾问模式，其风险将是巨大的，因为不转变思维模式，你就是一个可交易的商品，是众多"行家"或商品推销员之一，客户可从中挑选。你就像一个管道工，工作容易被替代，而不像医生，不易被替代。你会思维狭隘，做事被动，如同小老鼠一般满足于蝇头小利。

然而，母狮仅靠捕食老鼠无法生存，因为她每天逮不到足够多的老鼠来填饱肚子！

当客户仅仅是朋友

我有一个客户，是四大会计师事务所之一的执行合伙人，负责国内业务，实践经验丰富。有一次我们共进晚餐，他抱怨手下的一些合伙人虽然人脉广，但销售业绩却一直不尽如人意。他坦言道："他们总是和我讲他们与客户会面的氛围多么融洽，他们之间的关系多么牢固，但是他们从未实现过销售目标！"

他还补充说道："我管那个叫'朋友'，不是客户！"

因此，我得出结论：如果你想成功地开发客户，充当顾问角色与高管建立关系，你一定要明确关系导向。同时你也要有必胜的信念，这种信念会转化为尽最大努力为每一位客户服务的动力，它驱使你加班到深夜，确保交付的产品质量最优，撰写的建议书最可行有效。这种必胜的信念让你无法在竞争对手从你手中抢走一份合同时心平气和。事实上，你非常不愿意见到这种事情发生。

如果你有这种必胜的信念，你也会有动力去研究和学习，以便当客户委以重任时，你已经做好了一切准备。

晚餐结束时，我的客户最后说道："要有与客户做成生意的强烈愿望，有些人没有，所以他们无法成功。如果没有这种强烈愿望，即使业务能力出色，他也无法脱颖而出，只能成为客户选择的对象。"

重要组合

图 1-1 描述了这两种重要属性的四种组合：关系导向和成功的信念。

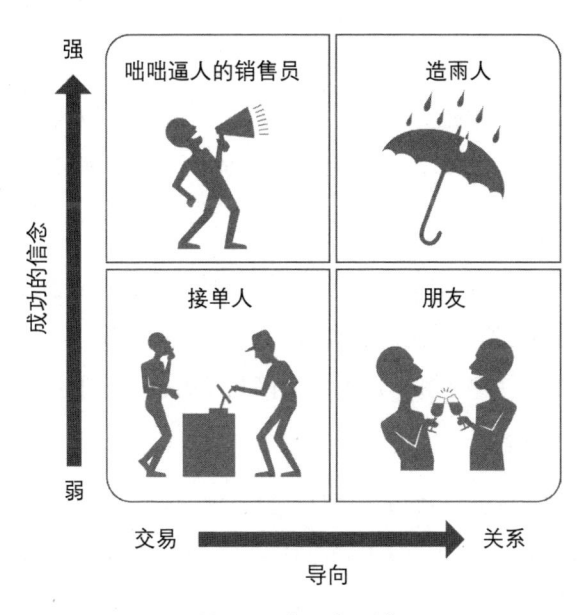

图 1-1 造雨人区域

如果你只是被动地对客户提出的要求做出回应，那么你就是一个接单人。

如果你有必胜的信念，但是关系导向不明确，那么你处于左上象限，你就是一个咄咄逼人、不计成本达成交易的销售员。你的销售业绩会很好，但是从长远来看，你将无法与客户建立有助于事业发展的长期信任和关系弹性。

或许你有关系导向，但你努力做的是与客户沟通，找到你能帮助其解决的问题，这更像友谊，那么你处于右下象限。你和客户之间的商业关系很弱，或者就不存在商业关系。

如果将成功的信念与明确的关系导向有力结合，那么你处于右上象限，你会勤勉地致力于培养与客户之间的深度信任关系。你会动力十足，为客户增加更多价值，你会经常思考怎样才能改善客户的业务，怎样才能更好地为客户服务。当你找到需要解决的关键问题时，你会全力以赴。此时，你就成了真正具有开发客户能力的人。

当然，为取得成功而进行学习的意愿与成功的信念必须同等强烈。我认识许多人，他们想要成功，想要有所作为，想要变得富有，但是其中一些人并不愿花费时间和精力去学习那些能让他们梦想成真的技能。

如果你原本就喜欢与客户打交道，那么你可以培养并增强自己对成功的渴望。通常，当我们拥有了所需的技能和适合的工具，这种对成功的强烈愿望就会释放出我们的能量。读过这本书后，相信你会对自己有更清楚的认识。

chapter 2

第1周行动计划：
想清楚谁才是你的目标客户

我的一位客户——一家大型全球性银行，决定对其企业客户与银行关系进行审查。这家银行已经经营了100多年，可以想象，其客户已经遍布世界各地。银行发现其客户已达3万多个。然而，许多客户并没有给银行带来利润，有些客户也不契合银行发展的新战略。不过，还有一些客户的风险是可以勉强接受的。这家银行囤积了许多客户，结果却问题成堆。

我的另一位客户也存在客户群问题，虽然问题不同，但同样令其烦恼。三年里，他们所服务的两家大公司需求量急剧增加，届时这两家公司贡献了其收入的60%——这是一个很危险的依赖度。此外，这两家公司还变得嚣张跋扈，它们要求大幅度的折扣，而且对我的客户态度很差。就在我们着手制定扩大客户群的战略时，这两大客户之一遇到困难，因此取消了一半的订单。

虽然我客户的公司勉强存活下来，但受到了沉重打击。这件事使他们意识到，他们理想的客户是中等规模的公司，而非大型上市公司。在重新确定目标客户并扩大其客户群后，他们开始迅速成长，且利润猛增。此外，他们的员工也工作得更加顺心了。

正如这些例子所示，你的客户群构成通常是过去的偶然事件和短期决策的结果，而不是有计划的战略选择。当你为支付账单或实现销售目标所迫时，与任何愿意给你付款的人做生意都是极具吸引力的，但这也是给未来发展造成大麻烦的惯常方式。

良好的客户关系就像美食——如果你一开始就选取新鲜、优质的食材，你通常会做成一道美味佳肴。但是在1月份试图用在超市买的硬得像高尔夫球一样的冬季西红柿来做沙拉，呃，那味道就不会好了。

从一开始就明智地选择客户，这样你就有更多的机会与客户建立长期、有回报的关系，销售额会更快地增加，彼此间的信任也会迅速培养起来。你们会合作得很好，你的客户将得到他们想要的结果，而你也会获得相应的回报。

我们用简单的四步确保你找到最佳客户。

清楚你的价值主张

要想知道哪些客户对你有意义,你必须清楚你为客户提供的价值。因此,第一步是制定明确的价值主张。你能简明扼要地说清楚你是如何帮助客户的吗?他们如果享用你的服务或使用你的产品,会有什么结果?有时我们会忘记,客户实际购买的是你销售的解决方案所带来的业务结果。

米其林轮胎公司就是一个典型例子。1947年,米其林公司推出了耐磨的辐射层结构轮胎。米其林大力宣传辐射层结构的技术优势,但这种新轮胎从未在美国市场上受到青睐,也就是说,它未得到市场认可。最后,直到20世纪70年代,米其林公司的广告开始着重强调使用辐射层结构轮胎可以让你行驶更多里程。至此,辐射层结构轮胎迅速取代了标准斜交轮胎,现在几乎占据了全部市场份额。开车的人并不关心轮胎中使用的技术——他们只想使用这种轮胎行驶更多里程,而且他们愿意为此支付额外费用!

关于价值主张,你会如何阐述你的价值主张或你公司的价值主张?以我为例,我最主要的价值主张是:我帮助公司和个人将客户永远留下来。

以下是一些知名公司的价值主张(或在某些情况下,被称为公司使命)的示例:

- ■ "我们帮助私营组织、公共组织和社会组织实现重要变革。"(麦肯锡公司)
- ■ "记住一切。"(印象笔记)

- "组合全球的信息，使其随手可得，随处可用。"（谷歌）
- "让地球上的每一个组织和个人都能成就非凡。"（微软）
- "我们让世界运转来点燃机遇。"（优步）
- "在战略、咨询、数字、技术和运营方面提供无与伦比的服务，埃森哲为客户解决最棘手的难题。"（埃森哲）

有一些价值主张是相当宽泛的，因为这些公司为它们的客户和顾客做很多事情。你提供的服务越明确，你的价值主张就越具体。我的朋友马歇尔·戈德史密斯（Marshall Goldsmith）是一名高管教练，也是一位畅销书作家，他说："我帮助成功人士实现积极、持久的行为改变——为他们自己，为他们的员工，也为他们的团队。"

接下来，你要确定目标客户。你应该按顺序进行三次筛选或过滤，评估客户是否对你有意义。

为战略契合进行筛选

战略契合是指为确定目标市场而制定的一组标准，即真正需要你所提供的产品或服务的客户。这些标准可以具体表述为：

- 行业类型；
- 公司规模；
- 私营组织、公共组织或政府组织；
- 地理位置；
- 批发（B2B）业务或零售（B2C）业务；
- 某些业务成熟的公司，而这些业务领域正是你所擅长的（例如，

第1周行动计划：想清楚谁才是你的目标客户

运营、信息技术、物流等）；
- 其他可以让这些客户高频使用你的解决方案的特点（例如，公司是资本密集型还是劳动密集型、是国内的还是国际的、是投入大量资金进行培训还是很少花费资金进行培训、重新配置员工的频率如何等）。

如果你不清楚哪些潜在客户契合你的战略，你往往会把付钱的都当作客户，结果你的客户群就会比较混杂，最终影响你的业绩。

我的一位客户决定使用奖励机制来鼓励员工专注于目标客户。他们列出1000家公司，员工只有将产品卖给这些公司才能获得奖励。这听起来很苛刻，却使大家劲往一处使，从而极大地提高了公司的盈利能力。

当然，产品或服务种类齐全的大型跨国公司，其目标客户可以比较广泛，但如果你的公司规模比较小，或者你是一个人单干，你则需要非常仔细地考虑筛选标准。否则，你最终会像我的那位银行业的客户一样，囤积许多无法带来利润的客户。

你对某一特定行业、市场、流程或类型的公司了解得越深入，你的知识就会越专业，你的竞争力也就越强。以我为例，我花了几十年的时间深入了解一个重要过程，即如何开发和培养客户关系，因此我经过筛选，保留了那些努力与高管建立可信赖咨询关系的客户。当然，其他人的关注点可能会完全不同，但我希望其所关注的客户能与他们的特定战略完美契合。

基于你增加的价值类型和提供的解决方案，哪些类型的客户最契合你或你的公司呢？

筛选关系契合的客户

因为我坚信，关系在业务和生活中都非常重要，所以我想知道我是否可以与潜在客户建立积极的、可信赖的关系。我还想确保客户的声誉会提高我自己的声誉，或者至少不会降低我自己的声誉！这里有一些你应该问的问题来测试关系契合情况：

- 客户是否与外部供应商建立过富有成效的长期关系？

相对于一个关系比较疏远、只局限于一锤子买卖的客户，难道你不会更喜欢关系导向健康的客户吗？

- 这个公司的声誉好吗？

客户的资信状况会对你自己的形象有很大影响。如果你发现客户有悖道德或钻法律空子的行为，那就取消合作吧。

- 领导风格和企业文化是否与你的核心价值观一致，或者至少没有冲突？

每隔三四年，我就会遇到一位客户，其价值观和处世哲学与我自己的大相径庭，以至于我不得不委婉地终止合作，或者慢慢地与其疏远，直至不再合作。

■ 初次见面，你能感觉到你以后会被以礼相待并得到尊重吗？

虽然一些客户在交易过程中态度强硬，不过一旦他们接受了你的建议，他们就会格外喜欢你。但通常情况下，你第一天受到的礼遇有可能在六个月后才能再次享受。

筛选你能影响的客户

如果客户同时契合你的战略选择和关系选择标准，这时你就必须问自己："我能对他们产生影响吗？"有时，有些情况真的不能增加价值，而你最终也会因此碰壁。

如果你的影响没有体现，就不会有热心的客户将你推荐给其他人；如果你的作用不大，也不会有热心的客户将你推荐给其他人。

所以从一开始就要为此做出筛选。

何时灵活选择客户

你是刚工作不久，还是刚创立一家公司？此时，对于如何应用这三个客户筛选方法，你可能要更加灵活一些。有时候，你确实需要为此付出成本；有时候你只需几个满意的客户，他们就会免费帮你宣传。如果你在一家大公司工作，你可能在与哪些客户合作方面没有太多选择，因为这些客户通常会依据你公司的客户目标战略来决定是否与你合作。

但在你后期的职业生涯中，你应该越来越严格筛选你的客户。你一周只有这么多的工作时间，而你的职业生涯是有限的。你将对哪些客户影响最大？你将如何为自己的职业生涯积累资本？

以下是你应该评估的四个主要因素，以确定对客户影响潜力的程度。

第一，这个问题是症结所在吗？这个问题会造成巨大痛苦吗？客户决意要解决这个问题吗？这个问题是你的公司擅长解决的吗？

第二，你打交道的高管是否是最合适的人选？他们在公司里是否德高望重，并有权支持你和你的公司？他们是否有购买决策权？他们是否能够获得组织中其他部门的支持，因为你提供的产品或服务可能会影响这些部门？

第三，客户规模是否足够大，或者在将来发展得足够大，进而可以帮助你实现你的抱负？规模小的客户在很多方面是有价值的，但它们也会耗费你的时间和精力，同时又回报甚微。

第四，客户是否有很强的领导力？与一个有抱负、管理有序的客户共事通常是一件幸事，你的解决方案会顺利实施。然而，如果客户的高层领导行事没有计划、易受政治影响，且管理上缺乏连贯性，则可能是个噩梦。

你现有客户中有多少会通过这三次筛选——战略契合、关系契合和潜在影响？

图 2-1 总结了客户筛选过程。

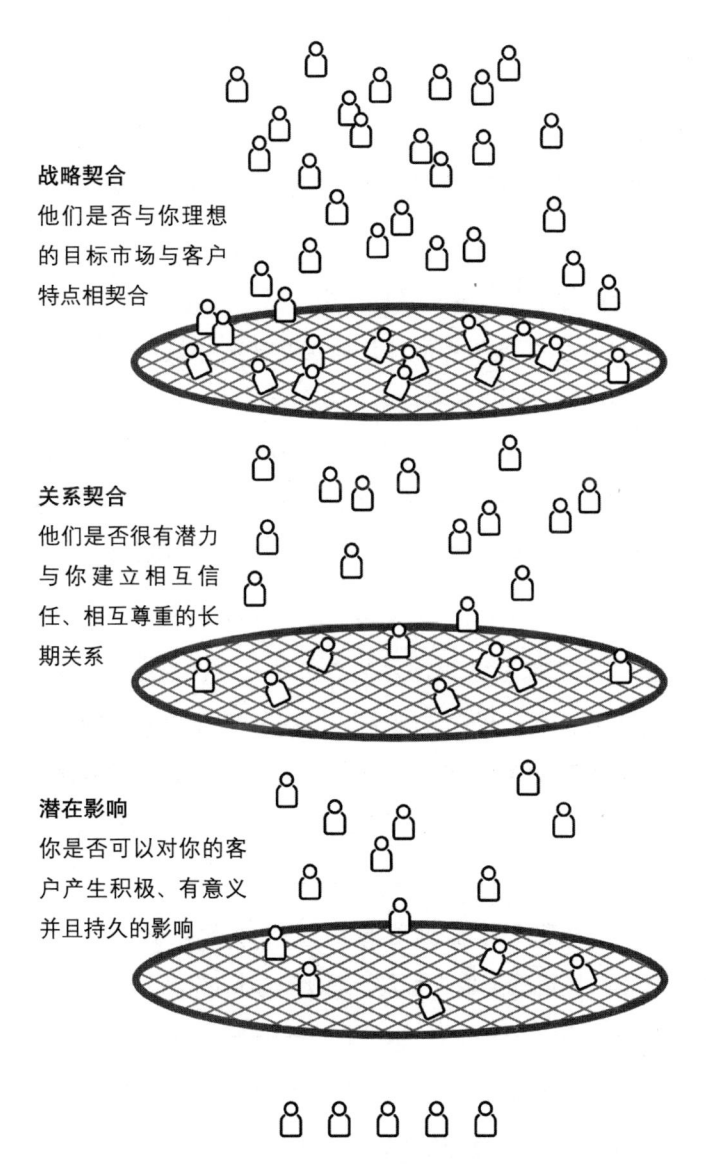

第 1 周行动计划：想清楚谁才是你的目标客户　　19

战略契合
他们是否与你理想的目标市场与客户特点相契合

关系契合
他们是否很有潜力与你建立相互信任、相互尊重的长期关系

潜在影响
你是否可以对你的客户产生积极、有意义并且持久的影响

图 2-1　他们是否是最佳选择

具有魔力的词

选择最适合的客户时，遇到的最大问题之一或许是不会说"不行"。你总是会有压力而不得不说"行"，即使这样做并不符合你的长远利益。

客户会向你施压，要求降低价格并以"就这一次"或"这有助于我们建立合作关系"为借口让你接受他们的报价；你的经理或老板会向你施压，要求你答应客户的任何要求；你会有实现销售目标的压力；会有帮助公司在年终实现高业绩的压力。你的心理压力会让你说"行"，这样你就有了销售业绩，也会感觉良好，或是这样你就会认为大家喜欢你、需要你。相信我，我经历过所有这些感受，甚至更多。

亿万富翁沃伦·巴菲特是伯克希尔·哈撒韦公司（Berkshire Hathaway）的董事长和首席执行官，也是世界上最富有的投资者之一。他和很多成功人士交往密切——微软公司联合创始人比尔·盖茨就是他最好的朋友之一。关于说"不"的意义，巴菲特如是说：

成功人士与真正的成功人士的区别在于，真正的成功人士几乎对所有事情都说不。

这并不意味着你应该对几乎所有的客户都说不！但你领会到了重点，你最终拥有一批优质客户的方式是从一开始就要对你有意合作的客户严格筛选。

将关键想法付诸实践

- 写出你的价值主张,明确为你的客户所能创造的价值。客户能从你的解决方案和与你的关系中获得什么好处或价值?
- 与你的一些最佳客户一起检验并界定你的价值主张。你的价值主张是否引起他们的共鸣?是否符合他们对你提供的产品或服务的看法?
- 战略契合。写下你认为的理想客户的标准,包括规模、行业、地理位置、业务类型等。然后,评估你当前有多少客户符合这些标准。你会从中了解到什么?
- 关系契合。从关系的角度来看,你的理想客户有什么特点?我之前列出了一些可能对你也有意义的内容,例如,与其他客户建立过积极的关系、尊重你的专业知识等。创建你自己的列表。这次你现有客户中通过筛选的百分比是多少?
- 受你影响的潜力。对你来说,让你对客户产生积极、持久影响的理想条件是什么?你现有客户中有百分之多少符合这些条件?对于那些不符合你的标准的关系,你能否改变或再协商一些要素(例如,扩大关系范围,在更高级别建立联系等),进而提高你的影响力?
- 仔细审核一下你的发展前景和客户,你是否应该对一些人或项目说"不"?

chapter 3

第2周行动计划：客户凭什么选择你

在2006年获得奥斯卡金像奖的电影《阳光小美女》(*Little Miss Sunshine*)中，格雷戈·金尼尔（Greg Kinnear）饰演励志演说家兼作家理查德。这是一部精彩又有趣的电影，一同主演的还有喜剧演员史蒂夫·卡瑞尔（Steve Carell）。在该电影中，理查德开发出一个"成功九部曲"项目，但他却耗尽钱财，无钱养家。他赚钱的希望就寄托在出版一本成功秘籍上。

斯坦·格罗斯曼（Stan Grossman）是理查德的著作经纪人，他向理查德许诺会大力推进新书出版，但突然间他再不回复理查德的电话。绝望的理查德闯进了格罗斯曼正在参加的一场新书发布会，在泳池旁边与他对峙。理查德意识到新书发布无望，于是朝格罗斯曼怒吼："但这是一本非常好的书啊！"格罗斯曼回答道："不是书的问题，是你的问题。根本就没有人听说过你，也没有人在意你。"理查德的梦彻底破灭了。

虽说这是电影情节，却非常真实。无论是结识一个新客户，还是赢得多个新客户，你都需要在某些方面获得认可，以便发展人际关系和拓展业务。当然，如果你是一家知名公司的员工，那么与客户第一次接触就容易得多。但是，贵公司的品牌虽然很重要，但仅靠这一点，还不足以使你成功。公司的知名度可以让你获得与客户第一次会面的机会，并且可以确保你获得竞标的邀请。但是，真正引发客户兴趣的是你自己的品牌，即客户对你的认可。客户认可你，就会与你继续合作，甚至与你独家合作。

你需要知名度和声誉来吸引客户

我采访了数千名高管，了解他们聘用外部服务公司人员和顾问的情况。我问他们愿意会见哪种人，高管们的一些具有代表性的说法如下：

- "如果你走进我的办公室，那是因为你已经通过筛选了。"
- "一般来说，除非同事或朋友向我特别推荐，否则我将不会会见陌生的外部服务公司人员。"
- "我会把时间留给已经取得成功的个人和公司。"

- "我们会精心挑选合作者，他们都是各自领域的佼佼者。"
- "你需要展示'你凭什么可以帮助我实现我最重要的目标'，比如一个想法，一个解决方案。当然，如果我认识你或了解你，或者我信任的人把你推荐给我，我会更愿意和你见面。"

不要只依靠公司的影响力，你必须自己打造属于你自己的影响力。

简而言之，如果你在你的工作领域中没有知名度，也就是专业知识方面没有声望，那便很难有机会获得买方认可，也很难建立客户群。最好的情况是你通过激烈的竞争冲进近身肉搏的竞标阶段，而你会发现参与竞标的有五家公司，你只是其中之一。而最坏的情况是，你将很难争取到足够的业务来维持经营。

当前的商业环境，从多方面看，获得与高管见面的机会比以往任何时候都难。高管们个个事务繁忙，如果会见所有想见他们的人，那么他们中很多人每天的预约可以填满 24 小时。因此，他们会非常严格地安排时间，不会轻易会见一些人。

我最初的咨询工作之一是采访主要零售连锁店的 IT 主管。当时没有互联网，所以我不得不在纸质版的企业名录中查找他们的姓名和电话号码（是的，我在没有智能手机和笔记本电脑的情况下依然成功地完成了任务……甚至有更多的时间思考和反思）。绝大多数 IT 主管很高兴与我通话并接受采访。现如今，那种直截了当的方法不奏效了。要想见到那些高管，你需要通过他们信任的人引见，或你需要成为你所在领域公认的专家。

无法见到高管的问题可以通过互联网来解决，互联网为我们提供了彼此联系的渠道。现在，我们可以通过许多不同的方式与客户取得联系，例如通过领英（LinkedIn），对他们撰写的博客或文章发表评论，发短信，甚至发电子邮件。

但是，无论你使用什么方式进行联系，都有两个重要的促成因素：一是对你的认可；二是你能提供的价值。如果高管们知道你是谁，如果他们认为能从与你的谈话中获得一些价值，他们可能同意与你交谈。认可与期望值相关。因此，无论你多么熟练地使用技术工具找到你想找的人，如果你不能向对方提供有价值的东西，你也将一无所获。

提高知名度层级

演员休·奥布莱恩（Hugh O'Brien）1960年在写给好莱坞八卦专栏作家的信中总结了名人的成名轨迹：

- 休·奥布莱恩是谁；
- 帮我联系到休·奥布莱恩；
- 帮我找一个休·奥布莱恩这种类型的人；
- 给我找一个年轻的休·奥布莱恩；
- 谁是休·奥布莱恩。

即便是声名狼藉也是有生命周期的，我个人可以证明这一点。但是，我希望我还没有进入休·奥布莱恩名声生命周期的最后阶段！

抛开幽默这一点，你能够而且应该努力获取三个主要层次的认可。

第一层次：内部认可

在我供职的第一家咨询公司工作一年后，我和我当时的女朋友决定结婚（到目前为止我们依然在一起，这是我们在一起的第 37 年）。但是，当时我在波士顿生活和工作，她在纽约市一家银行的国际部门工作。因此，我们悄悄地制订了一个计划，我们要努力调往同一座城市工作。

詹姆斯·凯利（James Kelly）是公司的创始人兼首席执行官，我听闻他计划在伦敦开设办事处。于是，我找到他并主动请缨协助他操办此事。我说明了几条可以证明我能胜任这份工作的资历：会说三种外语，而且说得还不错；有在国外生活的经历。或许更重要的是，在这里工作的一年时间里，我在公司里结识了很多朋友；我在项目中表现出色，工作努力，并乐于助人。

詹姆斯在与其他合作伙伴仔细商讨之后，打电话给我说很高兴让我作为办事处的一员前往伦敦操办此事。同时，我的未婚妻询问她工作的银行是否也可以将她调往伦敦（而不是原计划的巴黎），银行也回复可以。

我们同时请求各自的老板将我们调往伦敦，感觉是件不可思议的事。但这解释起来却非常简单：因为我们都获得了公司内部认可，这为我们提供了很好的机会。

内部认可为你创造职业发展的机会，尤其是创造获得客户认可的机会。在任何一家公司，领导层通常会派那些在业务方面享有很高声誉的人担任重要的、与客户直接打交道的工作。

从根本上讲，当你建立起关键关系并为公司带来更多价值时，内部认可度就会随之提高。这意味着你要做到以下几点：

- 总是高质量地完成工作并实现个人目标；
- 学习一门有市场需求的专业知识；
- 参与团队合作——做一个能够很好地与他人合作并且愿意在他人有困难时出手相助的人（而不是团队里的出气筒）；
- 与关键的利益相关者建立信任关系，例如你的经理、同事、高管、导师等。

内部认可度高的标志是什么？例如，你得到定期晋升和加薪，你有影响你工作任务的影响力，你被邀请加入委员会和工作组，更多的高管邀请你加入他们的团队。

第二层次：客户认可

只解决客户需要解决的问题和获得客户认可有什么区别？

以下这些重要标志表明，你和客户之间的关系已经超越了业务关系：

- 你的客户经常会再找你合作；
- 当你的客户接受你们管理层的回访时，他们会特别指出你工作出色，并要求你继续为他们服务；

- 当客户主管跳槽到另一家公司时，他们会打电话给你，并希望继续与你和你的公司开展业务；
- 客户将你的情况介绍给其他人，并将他们的朋友和同事推荐给你。

我认识的一家大公司高管乔西是公司里最优秀的员工，他的老板告诉我，他很快就成为公司的合伙人了。他的成功秘诀就是获得大家都看得见的客户认可。

在公司的领导层回访乔西的客户时，客户对35岁左右的乔西好评如潮，这些客户特别提出要乔西与他们合作新项目。乔西还接到老客户的电话，这些客户都希望与乔西和乔西的公司开展更多业务。其他高管听说了他的工作表现，也定期与他联系。

乔西告诉我说："刚开始与客户合作时，我秉持一种'谦卑的仆人态度'。但后来我意识到，大多数客户实际上都希望有一个值得信赖的合作伙伴，既尽职尽责，又愿意提出反对意见，坦率地告诉他们真相。所以我换了一种风格，也由此转变了我的人际关系。现在，我以平等身份与客户相处，他们则视我为测试人。我还发现，关心、体贴客户非常重要：你必须表现出你关心他们，并希望他们成功。这种关心的部分体现就是要有人与人之间的那种关怀。对于客户提出的问题，我如果不知道，我会诚实地回答'我不知道，我明天再给你答案'。诚实的态度会让你显得更加真诚。"

乔西补充说："如果客户对问题的界定过窄，我就会表示反对。有时候，我说，'想要获得想要的结果，我们需要退后一步，从更广的角度考虑问题。'这使我的信誉大增。我会提出反对意见，而不是对客户言听计从。"

你可以从以下六个方面提高客户的认可度，每个方面都各有侧重。

- **行业**。通过专注于某个行业，你可以总结该行业的客户如何独特地使用你的解决方案，进而积累并丰富经验。
- **职能或过程**。如果你的解决方案有助于改善公司的某个职能（如人力资源管理或财务管理）或改进某个流程（如金融交易处理或销售过程），你则可以深入研究并与在这些领域工作的志同道合的高管建立关系网。
- **智力资本**。当你专注于智力资本时，你会针对客户的问题提出有趣的想法和解决方案。然后，你可以通过写文章、发在线帖子、出书、演讲等形式，将你的想法和解决方案推向市场。如果你的内容不错，客户会主动找上门来。麦肯锡咨询公司就是一个绝佳的例子。在初创时期，该公司发布了《麦肯锡季刊》，这是一本学术期刊，分发给世界各地的高层管理人员。实际上，"知识创造"是麦肯锡公司的关键价值和绩效指标。
- **大客户**。一个人的整个职业生涯可能就围绕几个大客户，因此你必须高度重视客户关系，要对客户的组织极为了解，并与多个客户建立关系网。
- **面对面的网络社交**。一些专业人士（通常是性格外向的人）擅长网络社交。他们总是很"忙碌"：举办晚宴，加入协会和俱乐部，参加文化活动及其他各种活动，参与非营利事业。他们利用这些联系与潜在客户所在组织的决策者相识。内向的人也可以在这种网络社交中活跃起来，但他们可能在一对一或人数较少的团体中做得更好。

- **地理位置**。无论你住在休斯敦、亚特兰大、罗马还是布达佩斯，你都有很多机会去融入当地社区，并专注于你所在城市的潜在客户。当然，你会带来一些职能或行业方面的专业知识，但是关注不同的地理位置是对其他五个方面的重要补充。

你也可能同时在其中的几个方面都有所建树。例如，专注于智力资本发展（第三个方面）和建立关系的过程（第二个方面），并且在多个行业积累丰富的经验（第一个方面）。

请记住：你的关注点越具体，就越容易获得认可和提高声望。

第三层次：外部认可（媒体和其他思想领袖的认可）

每个月我都会收到三四个不同媒体的请求，请我接受采访或撰写文章。通常，有人在写一个与我的专业领域相关的话题，然后通过网络搜索或与同事交谈，他们找到了我。这种情况不是偶然的。在过去的 20 年里，我出版了多部专著，发表过很多篇文章，在世界各地的会议上发表演讲，还为数百个网站和许多不同的出版物撰写过内容。

你的反应可能是："那不是我，我不会按照你这样的方式写作和发表。"

但是，我还是建议你提升至第三层次，因为媒体对你专业知识和成功的认可会带来诸多益处。第三层次认可度提升的影响，用作者艾伦·韦斯（Alan Weiss）引领的一个流行语来概括就是"营销

你的知名度需要达到哪个层次？

在你职业生涯早期，你的重点应该主要放在第一层次和第二层次上，即内部认可与客户认可层次。在此期间，你要不断学习专业知识并巩固重要关系。

随着你职业的发展，认可度提升至第三层次至关重要。在第三层次上，你会得到其他思想领袖和媒体的认可。

在实践中，你不用线性地逐级得到认可，你甚至可能立刻获得三个层次的认可，同时得到内部认可、客户对你高质量工作的认可，以及媒体的认可。

引力"。当你具有了营销引力时，你就不用再主动联系客户，你的声誉就会将你的客户吸引过来。

此外，我们生活在一个信任度很低的世界，卖方对其产品和服务的宣传比较浮夸。媒体通过报道第三方对你和你工作的赞赏表明媒体认可，而媒体认可对客户的影响既有力又有效，客户也会因此信任你。例如，已故评论家罗杰·埃伯特（Roger Ebert）和吉恩·西斯凯尔（Gene Siskel）都是通过电影评论获得客户认可；君迪（J.D. Power）作为一家全球领先的消费者洞察、市场研究和咨询、数据及分析服务企业，也是通过汽车质量排名实现了这一点。如果你是一个知名商务会议的专家小组成员，那么这次会议就会让你声名远扬，你也因此会在业界中崭露头角。

你如何知道自己已经达到了第三层次的认可呢？当记者或作家在你的专业领域搜集素材时，你就会受到他们的关注。其他专家可能会请你接受采访，对他们自己的出版物、博客和播客发表看法。

如果潜在客户在互联网上搜索你，你出版的著作或发表的文章就会出现。第三层次的认可也许是你得到了你所在行业的认可或奖励，例如，我的一位客户最近就被邀请加入其所在行业的国家认证委员会。

如果你写不出来，你真的思考过吗

还有其他原因可以解释你为什么应该努力达到第三层次的认可，这些原因与写作和演讲有关——这两个技能是获得认可的重要组成部分。

首先，写作和演讲作用巨大，它们可以使你的思维更加敏锐，见解更加明晰。你可以撰写短文、博客或主题白皮书。花时间去思考，再打磨出一些高质量的作品。你会发现你的思维变得更加敏锐，观点也更有说服力。这样在与客户讨论那个问题时，你就会侃侃而谈，清晰明了。良好的写作能力和语言表达技巧会使你的表现越来越好。

其次，我们的大脑总是在寻找与我们现有信念一致的证据。如果你通过写作和演讲这种正式的方式与客户分享你的见解，他们会对你更加尊重，他们会觉得你能给他们带来价值。

再次，写作和演讲会激发你的创造力，促使你积极思考。2005年，美国国家科学基金会发表了一篇文章，文章中说普通人每天大约会有 12 000~60 000 个想法，其中 80% 的想法是消极的，95% 的想法是重复的，也就是说这些想法与前一天的想法相同。这个发现令人失望，但是并不令人惊讶。然而，如果你能花时间认真思考，明确你的观点，你就可以打破陈规，进而提出新的观点。

此外，有研究表明，我们并没有从经历中学到很多东西。这很悲哀，但这却是事实：我们每天重复着相同的工作，而没有学到太多，也没有创造性的思考。写作和演讲是解决这一问题的有效方法。

最后，写下你的见解会迫使你去做"深度工作"——这一词汇是作家卡尔·纽波特（Cal Newport）提出的。当你从分心的事情中脱离出来，将所有精力都集中在探索某一特定专业问题时，你就在进行深度工作。这个世界令人分心的事物太多，深度工作愈发少见。同时兼顾多项工作被认为是一种荣耀，但以这种方式工作时大脑的工作效率是极其低下的。

你可能会遇到的典型挑战

在提高自身认可度的过程中，你肯定会遇到一些困难。我曾与多丽·克拉克（Dorie Clark）谈论过人们会遇到的一些最常见的挑战。克拉克写了几本有关建立个人品牌的书，例如《脱颖而出》（Stand Out）和《创业的你》（Entrepreneurial You）。

克拉克说："经常听到年轻的专业人士说，他们遇到的挑战之一是，他们的经理或老板对他们建立个人关系网和获得个人认可并不热心。"在这种情况下，一个有效的策略是在你所在的组织中横向发展关系。努力成为组织中跨职能团队或委员会的一员，这让老板感受到的威胁要远比你越位与高层管理者闲聊要小得多。为了写这本书，我采访了一位年轻的财务顾问，她采用的就是这一策略。她成为公司纽约办事处业务发展委员会的成员，并与参与这项工作的其他同事以及一些合作伙伴建立了宝贵的人际关系。

另一个挑战是感觉自己在某些事上没有太多可说的或不够专业。克拉克是这样反驳的："人们常常觉得他们需要极高专业水平才能撰写或谈论某个话题。事实并非如此，你需要换种方式来思考，把它当成分享你的想法和帮助他人。"如果你刚进入职场，克拉克认为你应该采访一些经验丰富的资深专家，并记下你从他那里所学到的东西。

不要把这些想成要提出一个一鸣惊人的观点，而是要想这是将你的隐性知识转换为显性知识。记得有一位年轻人参加了我的一个工作坊，他的客户是教育领域的公司。他说他没什么可写的。我问他："我很好奇，你认为出生于千禧一代的人（1981—1996 年出生的人）比出生在婴儿潮时期的人（1946—1964 年出生的人）更喜欢以不同的方式学习吗？"他不假思索地对青年专业人士如何吸收新知识提出了一些非常有趣的观点。我问他是否可以将他刚才说的内容总结成一页文字。后来他将他写的短文《千禧一代喜欢学习的五种方式》（*Five Ways Millennials Like to Learn*）发给我，并告诉我这篇短文激发了他的灵感，进而与客户和潜在客户进行了六次会谈，每次会谈气氛都非常热烈。

你能为客户将你的隐性知识和经验转换为显性知识吗？

不仅仅是遇见合适的人

近期，有这样一种观点：成功的关键是建立人脉，结识合适的人，许多人对此进行炒作，媒体也大肆宣传。通常，白手起家的故事中的转折点是偶然遇见一位重要人物，这个人为其开启了一扇门，从此改变了他们的生活。

但是请不要忘记两个重要的事实。第一，要吸引"合适的人"与你建立关系，最好的方法是为他们提供有价值的东西，并形成帮助他们取得成功的良好声誉。第二，大约有 15~25 个人会对你的成功产生巨大影响，你需要识别出这些人，并有意加深与这些人的关系。

"不可思议的机缘巧合"往往是动人的小说情节，但实际上，大多数人的成功都是源于非常平常的事情，可以归结为刻苦磨炼技能，不断提升自己。他们的成功基于他们努力和客户、经理、同事、所在领域的思想领袖以及其他主要利益相关者之间建立可信赖的关系。

你绝对应该建立人脉，结识新朋友。但是，永远不要忘记"几个关键人物"的重要性。与 15~25 个关键人物建立可信赖的关系，这些人将真正改变你的职业生涯。

将关键想法付诸实践

■ 通过帮助他人取得成功进而形成良好声誉，以此来提高内部认可度。记住戴尔·卡耐基（Dale Carnegie）的一句名言："你可以用两个月时间对别人感兴趣，以此方式交朋友；你也可以用两年时间努力让别人对你感兴趣，以此方式交朋友。这两种方式相比较，前者会让你交到更多朋友。"先去了解你职业生涯中需要打交道的人，了解他们需要处理的优先事项和目标。

■ 使用数字 1~5 的等级来评估客户认可度，其中 1 是几乎不认可，5 是高度认可。你会给现有客户打几分？对于你服务的整个客户市场，你又会打几分？

■ 写下你想为人所知的一两个关键专业领域。在接下来的 6~9 个月里，你可以采取哪几个（通常三到四个）步骤来加深对这些主题的了解呢？将这些活动记在你的日历上。再写下三四个你想让其成为你个人品牌的品质。补全这句话："如果有人问起我，我的客户会说出我最突出的品质 X、Y 和 Z……"

■ 将你的隐性知识转换为显性知识。选择你客户面临的一个常见问题或挑战，把它写下来，然后列出四五种解决方案。写的字数可能只有 400~500 字，就像一条博客的长度。一段简短的文字就可以为你和客户创造 5~10 个有趣的话题。

■ 每月至少写一篇短文或行业主题报告，这样一年你就有 12 个有趣的想法可以与客户分享，在线发布，在领英上发帖，或者将一篇较长的文章投稿。

图 3-1 列举了数十种获得认可的方式。

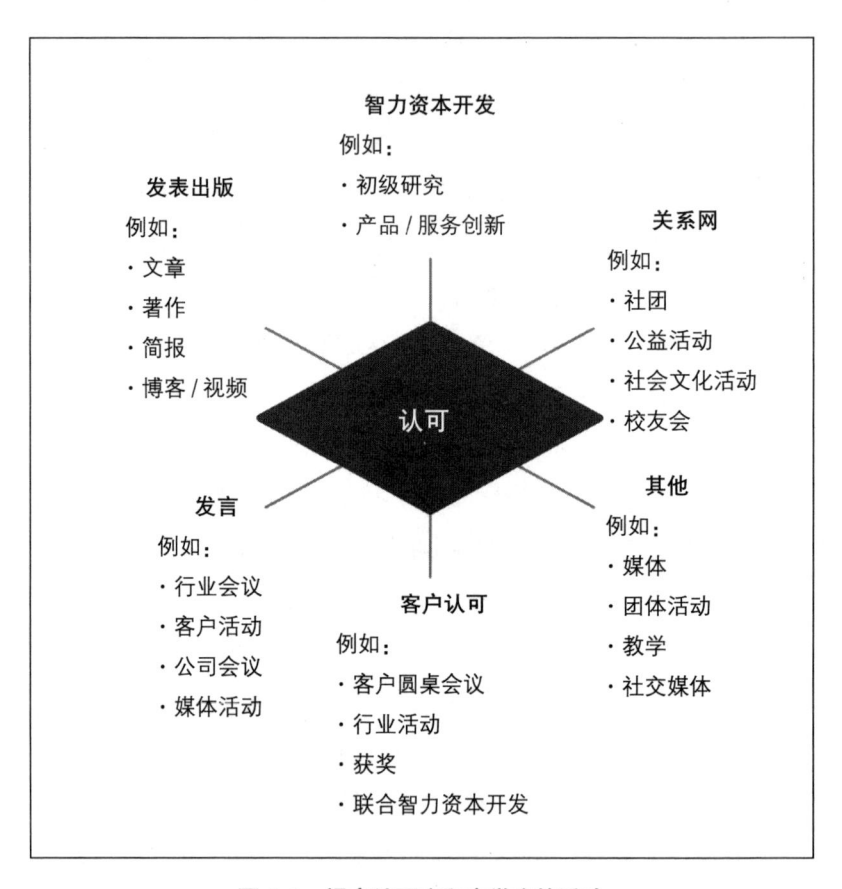

发表出版
例如：
· 文章
· 著作
· 简报
· 博客/视频

智力资本开发
例如：
· 初级研究
· 产品/服务创新

关系网
例如：
· 社团
· 公益活动
· 社会文化活动
· 校友会

发言
例如：
· 行业会议
· 客户活动
· 公司会议
· 媒体活动

客户认可
例如：
· 客户圆桌会议
· 行业活动
· 获奖
· 联合智力资本开发

其他
例如：
· 媒体
· 团体活动
· 教学
· 社交媒体

中心：认可

图 3-1　提高认可度和声誉度的活动

chapter 4

第 3 周行动计划：
如何精准匹配你的目标客户

我之前任职的公司委任我担任意大利分公司首席执行官，当时这个分公司的收入已缩减至仅有 50 万美元，员工仅剩两名顾问，公司处于亏损状态。

我的任务是发展业务，将其与我们公司的其他部门进行整合。然而，情况非常糟糕。如果我不能快速建立起客户群，实现公司盈利，办公场所租金和员工工资这些固定费用就会拖垮我们。

两年内，我们的业务收入已经增至 600 万美元；四年后，增至 1200 万美元，公司已拥有 45 名员工。我们重整旗鼓，再创辉煌。

我是怎么做到的

实现这种转变的原因包括许多方面，归结起来就是我和我的团队有意地采取了五种策略。

通过多种渠道获得客户

我们采用不同方式找到新客户。我做的第一件事是评估当前客户，其数量相当有限。具体做法是：（1）我们就客户规划召开了会议，以寻求机会销售额外服务、增进关系——这是我们获得新收入的最佳短期机会；（2）我同合作者建立或加强关系，他们会给我们介绍新的客户。这些合作者诸如我们公司在意大利有联系的知名商学院教授以及其他大学教职员工；（3）我寻找机会与在意大利开展业务的跨国客户见面，因为我们公司与这些客户在世界的其他地方有业务往来；（4）我和在意大利人脉很广的合作伙伴一起列了一个我们可以去拜访的高管名单。在所有这些资源中，我们很快创建了一个潜在客户销售漏斗。

请注意，我不是说我去和那些我不认识的人联系。不知怎么的，我总是能得到他人热情的引见。通过查询，我总是能找到一个人，可以帮我联系到我想会见的人。

在需要之前建立关系网

我对每一段潜在的关系都有长远的眼光。每次同高管谈话,我总是努力找出我们可以解决的他们可能存在的潜在问题。但是在多数情况下,我只是简单了解对方,了解他们的难处并努力提供帮助。我曾拜访的一位高管是当时意大利新兴无线电话公司的首席执行官。在那一年中,我多次和他会面,分享能够提高他公司业务的想法。虽然在那一年我没有发展起什么业务,但是我一直坚持着。

在一次对话中,他看起来很焦虑,我问他是不是有什么烦心事。他告诉我,他18岁的女儿夏天要去伦敦,这让他非常担心。他女儿没有工作,也没有计划。于是我提议将他女儿介绍给我们伦敦办事处的经理杰基,看看能否给他女儿一些建议或指引。最终的结果是,那个夏天我们办公室要搬家,杰基需要一些人手帮忙,于是为他女儿提供了实习机会。

第二个月,我接到了那位首席执行官的电话。他说:"索贝尔先生,我想我有些事需要你的帮助。"就是那件小事给我带来了一个每年100万美元的项目。我帮助他女儿时并没有想过会得到他的青睐或一个项目——我只是发自内心地帮忙。我关心他人,面对首席执行官的困境,那是我的自然反应。对他来说,这增强了他对我的专业和个人的信任。

所以,在你有需要之前建立关系网。在你想要一些东西前帮助别人并同他们建立值得信赖的关系,表现出你的关心。乐于助人、善解人意的态度将大大促进关系的培养。

发展旗舰客户

第一年，我赢得了两个客户，他们分别给我们带来了数百万美元的收入。这些稳定的收入使我们可以雇用新人和营销宣传，从而收获了更多新客户。他们提供了我们迅速扩展业务所需的"逃逸速度"。

在国际扩张初期，全球领先的管理咨询公司贝恩公司（Bain & Company）通过旗舰战略快速建立全球办事处网络，并保持高水平的盈利能力。他们的目标是在每个城市发展一个主要客户——他们称之为"牢固关系点"。然后，只有在建立了牢固关系点后，他们才会建立办事处，聘用当地人员。

一两个主要客户会让你的公司如虎添翼。旗舰客户能带来许多益处，包括保证收入稳定、提供智能资本创新的机会、提升知名度以及推荐其他重要客户。

价值引领

我们所有客户开发工作的另一共同主题是增加价值。就我们能为意大利客户带来哪些利益的议题，我会积极对我和我公司的思想领导力进行包装和再包装。我写了一些文章，并翻译成意大利语，然后在当地的出版物上发表，在媒体上播放。我分享了一些与同行业其他公司合作时的最佳案例。我能确保在每次和客户会面时提出一些想法。在下一章，我将分享更多的能够在第一次会面时增加价值、建立信任的具体技巧。

雇用优秀人员

一旦我拥有了一些重要的新客户,我们就会迅速招聘新人。我们挑选一些优秀的人,他们能够进一步提升我们的能力、加快我们的发展,但是这都源于客户。没有这些早期客户,我们就没有资金招募新人。

通过会谈建立关系,实现收益

图 4–1 说明了主动出击和得到认可的重要性。

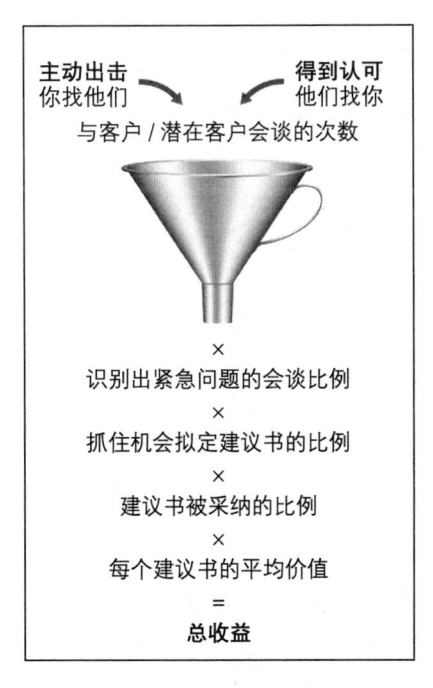

```
主动出击              得到认可
你找他们              他们找你
    与客户/潜在客户会谈的次数
              ×
    识别出紧急问题的会谈比例
              ×
    抓住机会拟定建议书的比例
              ×
    建议书被采纳的比例
              ×
    每个建议书的平均价值
              =
           总收益
```

图 4–1　销售流程示范图

仔细看一下图 4–1，正如你所见，从首次会谈到客户接受解决方案要经历五个关键的步骤。每一步你都有机会提高效率——我将在这本书中分享相关的技巧。

现在，我希望你特别关注的是顶部的第一个框——增加你与合格的潜在客户和现有客户的会谈次数。我说的合格客户主要指三类人：第一类是买家——可以授权购买你所售产品的决策者；第二类是能带你见到买家的人；第三类是能够帮你与买家会面的人。

其中的一部分人你可以通过主动出击获得（你请求见面）。我希望，通过你在市场上建立的知名度，有一些人是自愿、直接地找到你的。

首次会谈的次数和质量提高之后，整个销售漏斗系统会迅速强化，收益也将增加。它们是发展客户的主要助推因素。

客户电话的层次结构

我最喜欢的《纽约人》（*New Yorker*）漫画之一是罗伯特·曼科夫（Robert Mankoff）在 1993 年创作的。漫画画的是一个高管坐在桌前，巧妙地应答着一个想见他的人的电话。"抱歉，星期四有安排了，"他回应道，然后接着说，"永远没有时间怎么样？永远没时间可以吧？"

那句讽刺、轻蔑的话——"永远没时间可以吧？"现在已经成为流行语，并且许多政治家和名人也喜欢引用。如果你想和忙碌的高管会面，你会真实地感受到这一点。

当你试图拓展业务时，从哪里开始？以往的模式是看哪里有希望，也就是看哪里有知名公司，但问题是这些公司的门前会排起很多竞争者。

一旦你在现有客户和你所涉足的市场中的其他潜在客户中建立了一定知名度和声望，好机会自然就会到来，自然就会有一些人主动来进行询问。当高管打电话问你能否解决这样的问题或者帮他们抓住机会时，说明你已经具有了很高的知名度。当你接到这样的主动询问时，你已经完成了整个销售流程的50%。

下面，我列出了12个途径。通读一下，看看哪一个最适合你想见的高管。

白金级：吸引客户主动联系你

1. **现有客户联系你**。始终高质量地完成任务，你就可以实现这种目标。你还需要让客户定期参与议题设定的讨论，以便了解客户的新计划和优先事项。此外，确保客户对你的能力和解决方案可以即时掌握。
2. **潜在客户联系你**。这种情况通常发生在以下三种时候：（1）你的专业能力和思想领导力在市场上获得了认可；（2）你的客户和其他合作者与他人分享你的正面口碑；（3）与龙头公司和机构合作赢得了声誉。

黄金级：主动出击创造机会

1. **主动联系现有客户**。你应该定期和你的现有客户见面，以便从日常的工作中抽出时间了解他们议程中的优先事项、需求和目标。把这种做法想象成从舞池中走出来，站在阳台上从全面的视角审视他们的业务。你近期新业务的最佳前景几乎总是来自你的现有客户。

2. **被推荐和热情引见给潜在客户**。为了见到潜在客户，要努力争取他人介绍的机会。大多数高管只有在同事或朋友的引见下才会会见新的供应商。像领英这样的专业网络平台可以帮助你弄清楚谁与谁相识。一些公司也使用新的软件来找出整个组织的关系网。当然，最好能得到现有客户的热情推荐。

3. **从建立线上关系开始**。建立线上关系可能会有效促成面对面的交流。例如，你可以在某人的博客或领英帖子

怎样确保潜在客户和现有客户能一直与你会面或电话联系

有一年特别艰难，我在一家大型猎头公司认识的一位伙伴告诉我，他现在没有和客户见面的机会。他说："即使是我的老客户也不想见我！"接着他补充道，"他们告诉我，'别麻烦了，我们只是现在不招人！'"

问题是我朋友的客户将他视为业务专家，而不是一个不论是否需要雇用新人都值得去见的人。他只是在与客户交流时没有增加足够的价值。

你需要站在我所说的"市场的十字路口"，这意味着你会遇到许多不同的有趣的人，并且他们知道你可以分享有用的想法和信息。因此，人们就会很乐意与你见面。

上发表评论，并展开对话。你可以对某人著的书或写的文章发表评论，或者直接发电子邮件。电子邮件仍然还在使用，我从一个读过我的文章并想和我交流的人那里得到了这个结论。

当然，建立线上关系使用的特定平台都是从当前普遍使用的平台演变和进一步发展起来的（还有人记得 MySpace 或 AOL Messenger 这两个社交平台吗？）。

4. **请你的领导或首席执行官安排一次会面**。如果你为一家公司工作，如果你的一位高层领导联系了潜在客户或现有客户，你有时能有机会参加一次高管们的会面。

5. **先建立非商业关系**。我的一些关系特别要好的高管就是这样认识的。你可能通过一个非营利性组织结识一位高管，邀请他们参与一个研究项目、针对书或文章对他们进行采访，等等。这也是要进行研究、写作和发表的另一个原因，这能给你带来同高管和其他意见领袖交谈的机会。

6. **在会议或职业活动中建立联系**。当我在明德学院（Middlebury College）修读学士学位时，我经常在佛蒙特州和纽约州北部周围的湖泊和小河中钓鱼。每一个钓鱼的人都知道，钓鱼面临的最大挑战总是：鱼今天会在哪里？潜得比较深，还是接近水面？还是在巨石后面平静的水窝里？同样，你需要弄清楚你的特定买家会去哪里闲逛，他们参加什么会议或活动？他们看什么刊物？但对这些信息需要仔细甄别。我的一位律师客户不再参加大型的年度法律会议，他告诉我说，"出席会议的只有其他找生意的律师，这样的会议已经不再吸引实际的客户了！"

7. **为那个人量身定制一个活动**。当我建议我的一位客户为他们想见的首席执行官量身筹备一个晚宴时，他们回答说，她绝不会答应出席。我说："抛掉所有限制因素不说，她有什么兴趣？"他们说这位首席执行官是一位作家的超级粉丝，这位作家是一位著名的历史学家。我继续问："和这位首席执行官建立关系，对你的公司来说有多大价值？"他们承认这个关系将是无价的。他们领会了我的意思，于是邀请那位作家在一个有五位客户出席的小型私密晚宴上发言，那位首席执行官果真同意出席！你可能不需要邀请一个出场费用高昂的演讲者，但是一定要想出符合你想要见的人的特殊兴趣和目标的想法。

8. **有独特的想法**。许多高管告诉我，他们的眼力特别好，会破例腾出时间听陌生人的推销。一种破例是那个陌生人是别人推荐的，另一种破例是那个陌生人似乎有一个有趣的新想法。"我总是喜欢听有趣的想法。"一位首席执行官告诉我。"事实上，"他继续说道，"今年年初，我收到一封邮件，发件人来自一家我不太熟悉的公司。然而，他对我们的业务有一个想法，我觉得前景不错，所以我同意与他见面。"另一位高管告诫我说："想法或解决方案必须与我的关键战略或目标完全一致，我没有兴趣去听一个与我想要实现的目标无关的产品，即便它非常吸引人。"

9. **给他们带来潜在业务**。建立关系的一个好方法是为你的潜在客户或现有客户带去新客户或商业建议。例如，我自己的一位客户提出了一个商业想法，与一家大型跨国公司组建合资企业。这个想法很成功，他们从合资企业获得了新的收入来源，而新业务中的合作伙伴也成了他们服务的主要客户。

10. **做一些有创意和戏剧性的事。** 多年前，我的一位客户想拿下西南航空公司（Southwest Airlines）的大订单。他们努力争取同航空公司的最高层会面，于是他们做了一件有点出乎意料的事。众所周知，西南航空公司的创始人，也是当时的首席执行官，已故的赫伯·凯莱赫（Herb Kelleher），喜欢野火鸡威士忌。他的一句名言是："野火鸡威士忌和菲利普·莫里斯香烟对维持人类生命至关重要！"（你今天可能不会听到任何人这么说……至少不会在公开场合这么说！）于是他们让一名员工穿上火鸡演出服在得克萨斯州西南航空公司总部大楼前的草坪上跑来跑去，这个策略奏效了，凯莱赫会见了他们，最终西南航空成了他们的客户。我不建议将此策略作为争取获得与客户会面机会的常用策略，但使用了或许有奇效。

1977年，歌手兼词曲作者埃尔维斯·考斯特罗（Elvis Costello）竭力让自己的早期音乐作品得到认可，于是他把车停在伦敦的一家酒店前，哥伦比亚广播公司（CBS）的唱片公司高管正在那里开会。当高管们结束一天会议离开大楼时，考斯特罗开始拼命地用吉他弹奏歌曲片段，并不时地大喊："我是埃尔维斯·考斯特罗，签我！"这一招果然奏效了。

然而，请记住，考斯特罗是有价值提供的。他的方法虽然是非正统的，但正是他提供的价值——他高质量的音乐，才引起了哥伦比亚广播公司高管的注意。

通常，使用多种建立关系的技巧和会面方式是有效的。例如，我的一位客户得到了一份价值1000万美元的合同，而与之签合同的首席执行官以前从未与他们合作过。他们第一次接触是通过领英，当时一位总经理利用互联网联系来吸引首席执行官的注意力；然后他们邀请这位首席执行官参加一个知名度很高的公司活动，他同意了。结果在活动上得知我的客户与一家知名科技公司有过合作，而这位首席执行官也与该科技公司有业务往来，这种关系营造了更大的可信度。接下来便是面对面的业务洽谈，双方最终达成了交易。

我的成功策略有三个方面：(1)我最大限度地加强与现有客户的关系——我一直努力为他们提供超值服务；(2)通过我的思想领导力和对我所在领域权威的认可来吸引潜在客户，使用本书在第2周中概述的策略；(3)我会被热情地引见给我想见的其他高管。

你接触的潜在客户越多，你就越有机会融入其中，这是一个良性循环。已故的杰瑞·帕纳斯（Jerry Panas）是我两本书的合著者，他是一个才华横溢的人，他曾经鼓励非营利组织与潜在的捐赠者多多沟通。当然，许多人会说不，但有些人最终会做出改变人生的捐赠。杰瑞过去常说："有些人会捐赠，有些人不会捐赠。那又怎么样？"

将关键想法付诸实践

要确定客户开发投资的优先级,首先要对关系网进行细分。创建三个级别联系人:

■ A 级名单:现有客户和以前客户;
■ B 级名单:贵宾级联系人;
■ C 级名单:其他联系人。

1.A 级名单

■ 列出你现在和以前的所有客户。首先,优先考虑那些对你的工作满意并且你能满足其额外需求的客户;然后,列出过去满意的客户。

■ 对于现有客户,进一步了解他们的重中之重——深入了解他们的战略和未来计划。在此基础上,与那些其他工作也能采纳你解决方案的特定高管建立或加深关系,分享你在相同领域为其他客户做过的类似工作的例子。

■ 当你给以前客户打电话时,你的方式可以根据关系的亲密程度而有所不同。对一些人来说,一句简单的"我想你了,想看看你过得怎么样",就足以安排一次电话或会面。对于其他人,你可能需要给出一个更具体的议题——"我知道你一直在升级风险管控方面不断投入,我有几个想法想和你分享"。如果你和那个人关系很好,安排见面应该不难。如果你不太了解他,那么你可能需要一个更有吸引力的"趣事"。

2.B 级名单

这些人可以帮助你与重要人物建立关系，其作用非凡。正如我前面提到的，他们应该是：

- 目标市场中公司的决策者；
- 能够给你引荐或影响你解决方案购买决策的人；
- 凭借他们的经历和关系，可以建议你如何与新客户建立关系的人。

同样，你接触这些重要人物的方式会因关系亲密程度和时间长短而异。当你接触这些人时，你的目标是加深信任，了解他们最优先考虑的问题，并围绕你或你公司的专业知识和解决方案建立信誉。

3.C 级名单

只有当现有客户和以前客户及重要联系人都用尽时，你才可以使用这个列表。

每个列表应该有多少人？这完全取决于你所处的职业生涯阶段和业务发展阶段。如果你刚刚起步，你当前和以前的客户可能只有 0 个；如果你职业生涯顺利，你可能有 50 个或 100 个（或更多）高管客户。重要联系人的数量可以从 5 个到 100 多个不等。"其他联系人"列表中可能有数百或数千人。

图 4-2 总结了这三个层级。

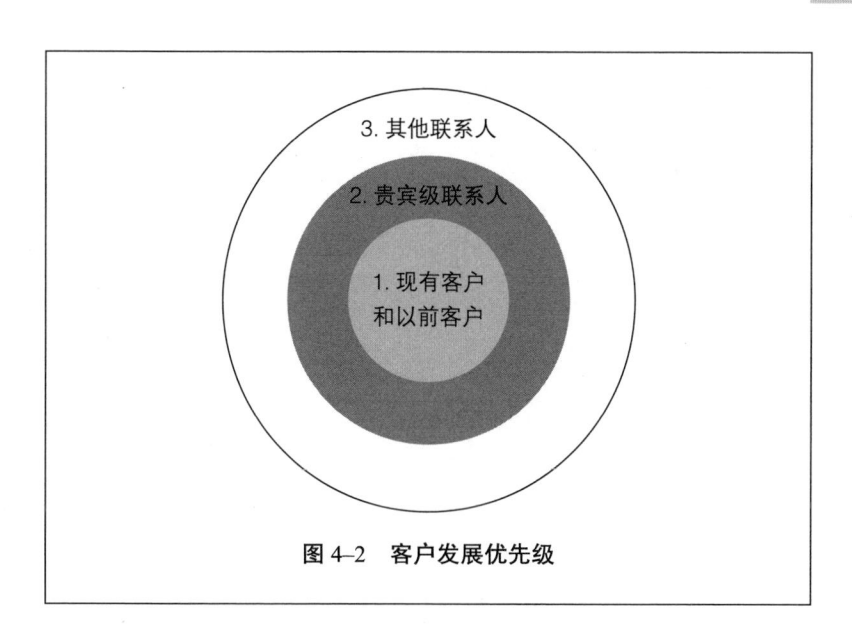

第3周行动计划：如何精准匹配你的目标客户

3. 其他联系人

2. 贵宾级联系人

1. 现有客户和以前客户

图 4–2　客户发展优先级

chapter **5**

第 4 周行动计划：初次会面至关重要

我经历过的最糟糕的初次会面是与一家大型电信公司的高级副总裁以及他的两位同事的会面。那发生在我的职业生涯早期，那次会面糟糕透了，即使时至今日，我想起来仍感到非常难堪。

那时我还在原公司供职，我们公司在电信行业做得极为出色，因此我确信，我们公司丰富的经验足以征服客户。我准备了一套漂亮的 8×10 彩色幻灯片，将其投影在会议室桌子前面的大屏幕上。我就我们公司的能力进行了一次长达 45 分钟、不间断的展示，然后询问大家是否有什么疑问。他们异口同声地说没问题，然后快步走出了会议室。哎，当时的场景，真的太让人尴尬了！

需要解释一下我做错了什么事情吗？整个过程我做的是个人展示，而不是与客户交谈；我滔滔不绝地陈述，却没有准备深思熟虑的问题；我没有对他们的难题提出针对性的解决方案。毫无疑问，会面结束后这些客户都没有选择与我们合作。

第二次糟糕的会面发生在 15 年前，是与一家大型律师事务所的会面。我会见了两位资深合伙人，他们似乎早已做出了决定（不与我们合作）。他们向我提出一个又一个问题，我没能压住阵脚，也没能扭转局面。结果半个小时里，我只是在不断地应答他们尖锐的问题，而那时他们已经心不在焉，可能也感到厌倦了。很显然，这次会面毫无结果。

尽管有些初次会面进展不顺利，但我们需要区分一下会面中出现的非受迫性失误和受迫性失误。我描述的第一次会面极为糟糕，因为是我把事情搞砸了，所以这是非受迫性失误。而第二次与律师事务所的会面则是受迫性失误，我本可以做得更好，但我却身陷不利的境地，因此这注定是一场没有收获的会面。

初次会面遵循的步骤

幸好我也有过数百次美好的初次会面。在这些会面中，我遵循了一个简单的步骤：首先，精心准备——用正确的方式准备；然后，见面时建立融洽的关系，树立良好的信誉，了解他们的问题，进行深入探讨，交谈时体现你的价值，推进下一步。我也努力建立信任，但都是通过间接方式完成的，这一点我将会进一步解释。这个步骤虽然看似简单，实则需要多加练习。

例如，我曾与一家大公司的首席客户官（CCO）初次会面。前五分钟，我们一直在闲谈。我有意把注意力集中在我们背景的共同点，以及我们都认识的某个人身上。我简要地介绍了一下我的业务。在此过程中，我没有使用任何书面材料或幻灯片，而是分享了一个有关我与一位受人敬佩的竞争对手共事的事，以及从中吸取的一些深刻教训。

然后，我就他所面临的最紧迫的事情提出了三四个经过周密思考的问题。他的难题之一正是我的专长，因此我提供了一些我见过的解决这一问题的最佳解决方案。随后，我在房间里的白板上画了一张图，罗列出我认为他可以考虑的不同选择。会面结束时，这位首席执行官热情地提议安排一次后续会面。两周后，我们顺利签了合同。

如果你能从一旁观察，你会觉得这只是一次非常轻松、愉悦的商务会谈，而不是一次商务宣传或一个习惯性的、精心策划的过程。

我们是如何做到的呢？一起来详尽了解一下每个步骤，在接下来的第 5 周和第 6 周，我会进一步深入探讨如何将联系人转变为客户，并向你展示如何打破销售僵局。

会前：精心准备

初次会面的许多准备工作的初衷都是好的，却是错误的。

第一种错误的准备方式是对要会面的公司做大量调研。我看到一些人准备的背景资料长达 100 多页，里面堆满了文章和年度报告，像一块砖头那么重，却用处不大。

第二种错误的准备方式是花大部分时间准备和排练文稿，还可能对演示幻灯片进行细致入微的修改润饰。可以理解，你希望确保有效传达自己的观点，你想阐明为什么你和你的公司是最优秀的，期望让对方信服。但是如果你准备得太多，就会专注在你要传达的信息上，变得僵化死板。其结果就是在实际会谈中，你不能随机应变，即兴发挥。

这种准备方式的另一个问题是，它原本就给会面带来一个很大的障碍——需要做很多工作！相反，我希望你有多次初次会面的经历，既有与现有客户的会面，也有与潜在客户的会面。不要迷信需要花大量时间为每次商务会谈做准备的说法，这会让准备工作变得异常困难。

随机应变

着重于精简、精心的准备工作。我研究过那些能给公司带来大量收益的人，他们确实会审查公司业务，但他们会把大量的准备时间用来研究将要会见的人。他们会花时间提出引发思考的问题，引起客户兴趣，引导他们说出问题。

浏览背景资料，重点寻找两点：一是关于公司的事实，能激发你想出吸引客户的想法或"趣事"；二是你想问的问题。与你见面的人有什么背景及工作经历？你能从他们的个人风格中了解到什么？你对他们了解得越多，在见面时就能越快地建立融洽的关系。

亚伯拉罕·林肯总统就是这方面的大师。他以富有同理心和具有理解他人性情和动机的超强能力而闻名。他曾经说过："在我去见一个人前，我花三分之一的时间在思考我要说的话，而三分之二的时间在思考他要说的话。"

准备两个有效方案

最后，你总要准备两个你认为可能吸引高管的有效方案。如果你想使初次会面（以及以后的第二次或第三次会面）吸引客户，那就为他们提供价值，这样客户就会特别期待与你进行下一次会谈。为什么要有两个（或更多的）方案呢？因为你的第一个方案客户可能不感兴趣，所以你需要再准备一个。

相信我，这样的事时常发生。我有一位客户，花了几个月的时间争取机会去会见一位极具价值的潜在客户。他和他的团队想向该公司的首席执行官推介他们的软件来提升客户体验，他们把一切都寄托在他们的理念上。但是会面刚开始 10 分钟，这位首席执行官就指出他们这个方案没有新意，他们却没有其他方案可以介绍，因为他们根本没准备其他的备用方案。这位首席执行官告诉他们要临时赶去参加另一个会议，于是就不留情面地送客出门了。

要提前做好准备，保持蓄势待发的状态，永远要有一个备用方案。

回答以下问题

在准备会面时回答以下问题：

- 该客户的公司或组织面临什么挑战？
- 你要会见的高管客户，他们的优先考虑事项、需求和目标是什么？
- 你如何帮助该客户解决这些问题？
- 哪些客户实例会引起他们的共鸣？
- 对方是什么样的人？对方的沟通是什么风格？你和他们有什么共同之处？
- 你可以分享哪些有吸引力、有价值的想法？
- 你想问的三个引人深思的问题是什么？

目标一：建立融洽关系

一位首席财务官（CFO）告诉我，十多年来，他一直拒绝与某家投资银行合作。原因是这样的：当时，他还是一名初级金融师，这家投资银行的一位银行家在会议室与他会面，开始探讨一个收购项目。该银行家没有打破冷场，也没有征得其同意，一把抓起桌子上盘子里的最后一个火腿三明治就吃，而这个三明治恰巧是我这位后来荣升为首席财务官的客户的。当时这位首席财务官客户板着脸对我说："永远不要窃取我的午餐。这不是建立融洽关系的好方法。"

建立融洽关系需要三个关键行为，而这位银行家有两个行为非常糟糕。

融洽关系的三个驱动因素

我们似乎都知道何时与某人相处更融洽，但融洽究竟是什么？我们如何才能提高融洽度呢？

融洽是你和他人之间和谐共鸣的关系。对于关系融洽有两种常见的误解：误解一，有些人天生就有魅力。这样的认识并不完全正确，因为你完全可以学习怎样与他人建立和睦的关系；误解二，你可以通过使用特殊的技巧，比如利用肢体语言，或者做一些能够刺激产生催产素（一种可能与信任感相关的肽类激素）的行为来影响其他人，让他人感觉关系融洽。然而，研究表明，如果你的努力没有诚意，而且你试图控制他人，那么通常对方会看穿，并且降低对你的信任。

当我们第一次在工作场合与某人会面时,我们感觉的融洽程度是基于我们对以下三个因素的认知:他是否值得信任?他是否有能力?这个人是否讨人喜欢?

驱动因素一:你值得信赖吗

当人们见到你的时候,他们会想:你把我的利益放在心上了吗?还是纯粹为了追求自己的目标而来,甚至是要损害我的利益?他们也会思考:你是敌是友?

在第一次会面时,以下行为会提高你的可信度:

- 热情而真诚。语气友好,肢体语言坦诚,目光交流礼貌;
- 提出有价值的问题,认真聆听,表现出对对方感兴趣;
- 表里如一、可靠、坦诚,以此展现你的正直。不要夸大其词,要言行一致;
- 边听边应和。你可以使用诸如"嗯""好的""我明白"之类的感叹词来表明你在听,但不要过度使用这些词。打电话时,要让对方确信你还在听,这一点尤其重要;
- 不要畏惧郑重其事地谈论你的激情、兴趣,以及你为什么做你所做的事情,这可以传达出你的友好和真实可靠。

有些人试图将建立信任的过程简化为对催产素的简单操纵,这个策略是 TED 演讲最受欢迎的主题之一,也是一本关于信任的书的主题。问题是,现在许多科学家认为这些专家援引的研究是错误的。《沃克斯》(Vox)报上刊登有一篇文章的标题是:《科学家们是如何迷恋和放弃催产素的》(*How Scientists Fell in and out of Love*

With the Hormone Oxytocin）。有什么主要技巧能让别人的大脑产生催产素并信任你？每天八个拥抱。据说，催产素理论的一位推动者会给见面的人多个拥抱。如果你说的见面的人是你的配偶或伴侣，我完全赞同彼此拥抱。但是在职场，这样真的可行吗？

坚持我们从经验和研究中了解到的那些行之有效的职场行为，因为它们会建立信任。

驱动因素二：你有能力吗

第二个促进建立融洽关系的因素是感知能力。在职场，人们会评估你是否了解自己谈论的内容。你能体现出你的专业能力吗？

在以下情况你能证明自己有能力。

- 表现出专业素养，包括得体的着装、妆容、礼仪，以及正式和非正式用语之间的适当权衡（例如，使用"您的组织……"而不是"你们……"）。
- 自信且清晰地沟通。陈述你的观点并稍做停顿，不要使用诸如"你知道的""嗯嗯""有点"之类的口头禅。将自己的对话录下来，事后回放检查，这是使你的语言表达更清晰的好方法（切记一定要告知对方你正在录音）。
- 问一些能表明你熟知问题的内行问题，例如，"我的一些客户正迅速转向混合式学习体验模式，就是线上学习、课堂培训和小组任务相结合。您目前的学习和发展方式是什么？"但是一定注意不要借问问题来炫耀自己，显得自己聪明过人，这会让你的客户感到难堪。

- 分享经过周密思考的看法、观点和想法，以帮助客户解决问题，抓住机会。

驱动因素三：你讨人喜欢吗

第三个推动因素是好感度。我们倾向和自己喜欢的人交往，当我们喜欢一个人时，会觉得和他们相处很自在，并且更愿意与他们建立关系。

在采访客户问及他们最信任的关系时，他们经常告诉我："不和傻瓜共事，和自己喜欢的人一起工作。"

在以下情形，你的好感度会得到提升：

- 寻找共同点和相似之处。如果另一个人觉得你和他有共同点，那么你的好感度会立刻提升；
- 散发活力和热情。研究表明，高度热情是一种非常讨人喜欢的品质；
- 为人友善，平易近人，自信且谦虚；
- 提出情感或个人问题（在您正在进行的所有计划中，就您个人而言，最令您兴奋的是什么）；
- 心里想着"我喜欢这个人"，而当对方察觉到你喜欢他时，你的好感度就会上升；
- 关注对方，而不是一味地谈论自己。综合你听到的内容，然后重复一遍，在下一个答复脱口而出之前，暂停几秒钟，表明你在认真聆听并且正在思考他们所说的话。

明确议题

在进入第二个目标之前，你还需要明确会面议题，这不是内务事项，而是与他人建立协作、同伴关系的一部分。这也彰显了你的自信。

以下是我的一些会话技巧。

1. **常规式**。比如，"我了解到我们安排了一个小时的会面时间，对吧？（稍停顿一下）我想与您分享我建立终生客户的方法，列举几个案例来解释我是如何帮助其他公司赢得新客户，提高发展客户关系和维持现有客户关系的能力。然后，我很想聆听一下您为扩大客户群所做的努力，以及您目前最优先考虑的事项。在对话结束时，我相信我们双方都会对继续会谈是否有意义有一个明确的判断。还有其他事项您希望我谈及吗？"

2. **开门见山式**（他们要求会面或是你邀请他们明确关注重点时使用）。比如，"我们今天大约有45分钟的时间，在您看来，我们怎样利用这段时间最有价值呢？"（这是一个非常有效的方法，它可以让客户"直奔主题"，确切告诉你他们想从讨论中得到什么）。

3. **特定主题式**（例如，客户之前已经明确其关注重点）。比如，"我从我们的电子邮件交流中了解到，您希望提高员工作为战略顾问为客户提供服务的能力。首先，我想请您就这个问题多谈谈，比如，在您看来，担任战略顾问意味着什么？您发现有哪些差距？之后，如果需要的话，我可以分享一些我为其他客户所做的项目案例，在这些案例中，我帮助他们大大提高了客户服务合作伙伴的可信赖顾问技能。

目标二：树立信誉

一家中型科技公司的首席执行官告诉我，他接到了一家知名度很高的管理咨询公司打来的电话。他并不认识对方，但经过一番快速调查后，他发现这家咨询公司业绩斐然。正因如此，加上该公司极佳的声誉，他同意见面。此外，他正在考虑对自己的策略做出一些改变，他认为他可能会从与该公司的交谈中有所收获。

一番寒暄后，合伙人和一位同事在首席执行官办公室的沙发上落座。合伙人身子往后一靠，说道："那么，给我们介绍一下您的业务吧，您现在面临的最棘手问题是什么？"

首席执行官对此感到恼火和失望，说道："不，我不会一开始就与您分享这些。首先，请告诉我您来这里的目的以及议题安排。其次，我们对话的价值何在？在这之后，也许我会分享我的想法。"

关键点在于，除非你与会见的客户已经熟络，否则你必须树立自身的信誉。你不能就这样一屁股坐下来，然后连珠炮般向客户提问。但是这里要注意的是：你必须学会在三四分钟内树立信誉，否则，谈话中就会过多地谈论自己，对潜在客户关注不足。你也需要间接地树立信誉，你努力说自己聪明过人，经验丰富，但这难以令人信服。当然，肯定自己是必须的！

不要依靠幻灯片或宣传册来提高自己的信誉，客户想要的是双向交流，而不是你单向地做个人展示。你可以准备几张幻灯片作为"配菜",但不要将其作为"主食"。更好的做法是:如果你想要展示框架或图表,那么将其画在活动挂图或白板上,这就是所谓的"笔头销售",它比投影幻灯片更具吸引力。

体现信誉的第一种方法是准备好进行一次富有成效的对话,这时精心的准备工作就派上了用场。令人惊讶的是,许多客户告诉我,一些知名公司的专业人士在与他们会面时,竟然对他们的业务几乎一无所知。这实在是太差劲了。

做好充分准备是成功的筹码。以下是另外三种真实可信的方式,可以间接有力地帮你建立信誉。

方式一:分享有价值的观点

有价值的观点是一个简短的陈述,关于你如何看待正在影响客户的一个重要趋势的发展,这个陈述可能对客户具有启发意义。它可以事关行业、客户、竞争对手、功能区、经济发展,只要你能说得出都可以。你的观点应该控制在 50~150 个字。换句话说,你陈述的时间应该在一分钟以内。

伟大的管理思想家、作家彼得·德鲁克(Peter Drucker)擅长只用一两句话就表达出入木三分的观点。他的名言警句诸如"管理者是把事情做正确的人,领导者是做正确事情的人",以及"我们所谓的管理,多数是给人们完成工作增加难度"。

方式二：提出建立信誉的问题

这些问题会从本质上证明你的知识和经验。先陈述一下内容，然后将其转变成一个问题。

例如，我可能会说："听起来像是通过实现组织孤岛间的更多合作来为客户提供服务，这对您来说是一个问题。观察其他客户，我发现最常见的三个合作障碍是……（然后我把它们列出来）。但是我很好奇，您的组织此时遇到了哪些特殊障碍？"

你不应该只问这一种类型的问题。正如我前面提到的，每次会面你都应该花大量时间准备三个足以引发思考的问题。在该计划的第 10 周，我会就如何向客户提出好问题做深入探讨。

方式三：利用客户案例，总结"我们发现了什么"

我在伦敦期间，曾经与一家大型公司的战略规划负责人进行过一次备受关注的会谈。在一个小时的会谈中，我就是找不到一个能激发客户兴趣、吸引其注意力的问题。会议结束后，我沮丧地离开了。但是，走到门口我突然停下来，然后折回他的办公室，对他说："对了，我们完成的另一个工作实例你可能会感兴趣。"我孤注一掷，就像是踢足球时半场结束前的最后一脚，我实在不愿意空手而归。于是，我很快分享了一个我们为参赛者所做的项目，那个项目影响力很大，但不是我特别擅长的 IT 领域（这可能就是我没有使用这个实例的原因）。客户听完点了点头，再次对我表示感谢。三天后，他打电话给我，表示想深入了解这个实例。三个月后，我们签了一个 200 万美元的项目，建立了合作关系，结果当年的合作金额达到了 400 万美元（如今，合作金额大约 800 万美元）。我之所以能想到这个案例，追根溯源，完全是因为我在学校学过客户案例。

就像陈述观点一样，客户案例讲述应当简短，毕竟这不是案例研究。使用案例是为了交谈，所以不要向潜在客户透露过多细节。相反，应将重点放在三件事上：客户最初想要解决的问题；你采用的解决方案（最好能展现你解决方案的独特性）；方案的结果或影响。

将案例写下来，反复推敲和润色。练习大声把例子讲出来，并进行录音，过后听听自己的表述。记住这些例子，你就可以用一分钟时间清晰明了地讲清楚；如果你没记住，你就得花五分钟时间厘清内容，这肯定会让客户觉得无聊。如果客户想了解更多，他们会主动询问。

最后，确保你提供服务的公司和高管允许你提及他们的名字，这样会增加案例的分量和可信度。如果你没有得到允许，那就将案例里的名字改编一下。

目标三：了解客户的问题

在会面开始的 5~8 分钟你应该完成以下事项：建立融洽关系，确定谈话议题，（使用上述技巧）树立信誉。然后，把注意力从自身转移到客户身上。你需要吸引他们参与到谈话中来，找到他们存在的问题。

每次会面都不同。对于一些客户，你对他们的真正需求几乎一无所知。在这种情况下，基于你在会面前的准备，可以问一些问题来套出他们面临的困难。假如你正在和一位首席人力资源官（CHO）交谈，一个好的开始可能是这样的："我了解到您目前正在进行重大的战略转变，并围绕行业部门进行重组。那么这对人力资源优先考虑事项有怎样的影响？"

对于另一些客户，他们会明确表明他们希望讨论的内容。你向首席财务官提出的问题可能只是："您提到您正在改进风险管理办法，您能就这一举措多谈谈吗？"

无论在什么情况下，你的目标都是找出一个问题，你和客户可以有成效地探讨。

努力揭示一个问题，这个问题可以用你的一个解决方案加以解决。

找到那个特别的紧迫问题非常重要，这一点我再怎么强调也不为过，因为你可以围绕这个问题来构建你后续的销售过程。你必须有耐心，因为找到这个问题很可能需要两次甚至三次会面，但这是值得的。之后在第 6 周你将看到，如果客户没有紧迫的问题要解决，那么你也就没有业务可做。

目标四：深入探讨，增加价值

现在，你们的会谈已经进行了 15~20 分钟。如果你已经能够确定你可以帮助客户解决的重要问题，那么应该在接下来的 20 分钟左

第 4 周行动计划：初次会面至关重要

右的时间深入探究该问题。在第 8 周，我将分享一些非常具体的技巧和可以提出的问题，用以探讨问题并对其进行重新构架。以下是一些关于下一步应该做什么的小技巧。

我用一个简单的范例来说明几乎所有问题的范围和重要性。示例如下：

1. 您希望 X 实现什么目标（X= 正在讨论的业务或领域）？您希望您的业务或该领域在未来两到三年内发展成什么样？您希望取得什么业绩？
2. 您现有能力与实现您的愿望（所追求的未来状态）所需能力之间有什么差距？换句话说，是什么让您止步不前或是阻碍了您？
3. 您需要提高哪些能力来弥补这一差距？假设有一家公司希望从供应商转型为客户可信赖的合作伙伴，我正在与这家公司会面。以下是我与他们的一些真实对话：

- "您能否进一步说明成为客户可信赖的合作伙伴意味着什么？这是一种什么样的关系？"
- "您希望在财务成果中看到哪方面变化？收入增长，盈利增加，销售成本降低，还是其他方面？"
- "您说您有大约 500 个客户，您认为目前有多少客户是可信赖的合作伙伴？"
- "如果现在这个数字只有 5%，那么三年后您希望这个数字是多少？"
- "在您建立这些有价值、值得信赖的合作伙伴关系的过程中，遇见了哪些障碍？"

- "为实现与 35% 的客户建立可信赖的合作伙伴关系的目标，您认为公司哪些方面需要改善，员工、技能、制度等？"

- "目前，与客户打交道的员工中有多少人有能力建立这些类型的关系？您认为当下那些不具有该能力的人中，又有多少人可以通过培训和指导做到这一点？"

现在你明白了吧。

我所说的你需要在会谈中增加价值是指你需要让客户对他们的问题或机会有深刻的理解，这包括让他们了解其他人是如何解决难题的，使他们意识到现有的解决方案以及为他们提供解决该问题的具体想法。这也意味着你非常直接地告诉他们你认为什么对他们有用，什么对他们没用。还有一种方法可以让会谈更具吸引力，那就是提出一些引发思考的问题，而这些问题应该是你之前没有问过客户的。

> **秘密武器：激发客户的好奇心**
>
> 多年前，我的一位导师艾伦·韦斯（Alan Weiss）对我说："安德鲁，你知识渊博，但是记住，告诉人们他们需要知道的，而不是你知道的一切！"真是有趣而又中肯的建议！
>
> 另一个重要行为准则是：欲擒故纵。无论这是你们的第一次会面还是第五次会面，你都要让对方产生去了解更多信息的好奇心，而不是疲于应对你高压水枪般喷射的大量信息。
>
> 提及在下次会面时可以讨论的新信息和新见解，推荐另一位你希望他们会见的客户，或者提议会见他们团队的其他成员，从而就他们的难题提出见解，这些方法都可以激发客户的好奇心。

在与客户会面时，有很多"增加价值"的方法。在第13周，我将就如何增加时间价值，分享一些行之有效的策略。

目标五：争取推进下一步

有句老话说，第一次会面的目的是争取下一次会面的机会。如果你已经初步建立了信任和融洽关系，并在会谈中让对方感受到了价值，那么你很有可能赢得第二次会面的机会。

你可以采取两种主要策略。第一种策略是对讨论做简要总结，并主动提议进行下一步的工作。这可以是再进行一次更深入的会谈，也可以是其他的事情，比如与组织里的其他高管会面。我通常会尝试提供一些有价值的东西来促成进一步的会谈。例如："如果我将该难题的解决方案简要地整理到一页纸上，这是不是会有帮助？然后我们下周再会面讨论方案是否可行。"或者说："这是我们会谈应该关注的那个问题吗？"

这类似于"试探性成交"。试探性成交是指通过提出问题来确定你在销售过程中所处的阶段，明确买方购买意愿的强烈程度。

第二种策略是引导客户提议进行下一步的工作。当我想让对方主动找我时，我通常采用这种做法，最好的买家都是积极热情的。如果我感觉对方不太感兴趣或购买意愿不强，那么我将就我们讨论过的关键问题总结一下，然后简单地问："那么，从您的角度来看，下一步该怎么做好呢？"我喜欢这种方法，因为它能促使客户采取行动。他们要么说出下一步的计划，要么认为现在多谈这个没有意义。

我大概 75% 的时间会使用第一种策略，剩下的时间则用第二种。

当然，下一步可能是写一份建议书。值得注意的是，对于一笔复杂的交易而言，仅在一次会面后就与客户达成交易是不太现实的，尤其是与刚认识的潜在客户。

图 5–1 总结了这五个步骤。

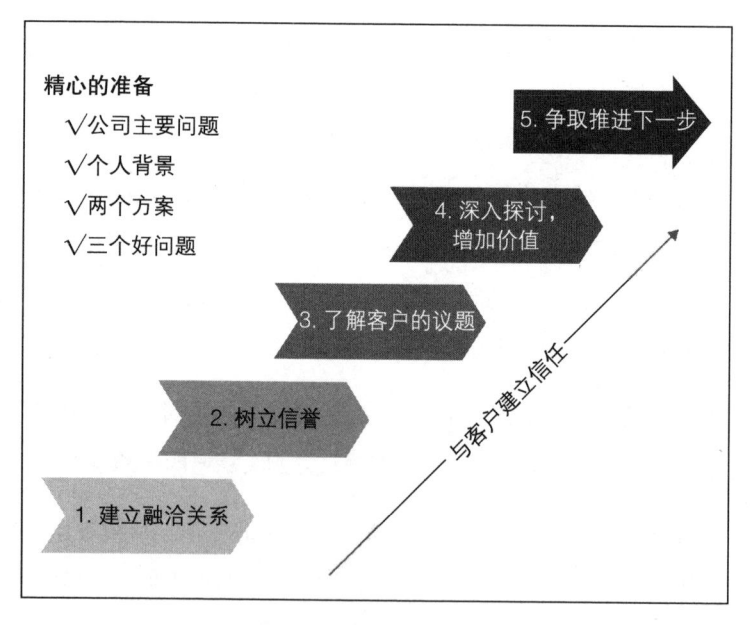

图 5–1　客户开发的目标

客户对第一次会面的评价

我采访过数千名高管，经常询问他们有关第一次会面的情况。在做研究时，我会问一些问题，例如"您能就初次会面发表一下看法吗？""当外部供应商第一次走进您的办公室时，什么最能吸引您？""是什么建立了信任和信誉，并使您对建立关系感兴趣？""在第一次会面中，您讨厌对方做什么？他们会犯什么错误？"

不要只听我说，看一看高管们都怎么说，这是他们自己的看法，不代表我的观点。

- "如果你给我发邮件希望会面，你的内容要清晰具体。谈一谈你如何为我的业务增值，如何在一项重要计划上给予我帮助，而不是你的产品或服务的所有细节。"
- "谈谈你的解决方案如何帮助我解决难题。不要喋喋不休地谈论你的产品有多好，谈谈你能如何帮助我，谈谈你是如何与其他像我这样的公司合作解决类似问题的。"
- "你得有备而来，这意味着你要了解我业务的基本情况以及我们的问题所在。你会惊讶地发现有那么多来这里的人，他们竟然几乎对我或我的公司一无所知。"
- "如果我们是第一次见面，不要表现得好像你我是朋友。过于亲近确实令人反感。"
- "不要在初次会面就推销。初次会面是试探性的对话，不要催促我买东西！"
- "不要请求和我会面，然后一见面就开始向我提出一大堆问题。说明你的来意以及目的，向我展示你的信誉和能给我增加的价值。问题可以在稍后的讨论中提出。"

- "不要给我做个人展示，这很无聊。我想要的是双方交谈，而不是看幻灯片。"
- "来之前尽可能多地了解我的议题。但话虽如此，不要认为你知道我的真实想法，不要一来就告诉我我的问题所在。"

是否所有初次会面都应该按此顺序实现这五个目标？在第 5 周的"建立联系至签订合同"中，我将深入探讨这个问题。针对该问题，简短的回答是"否"。我上述所提及的是你顺利开展业务会谈的基本范本。但是，根据不同的会面类型，你需要对我描述的过程进行一些细微的、策略性的改变。

将关键想法付诸行动

在第一天的介绍中，我谈到了从专家思维模式或产品推销思维模式到顾问思维模式的巨大转变。为了实现我前面概述的五个目标，我在下面列出了你应该采取的顾问行为及必须避免的专家行为。

练习以下顾问行为：

- 找出共同点和相似点；
- 对你的客户保持好奇；
- 设定议题：你去的目的是什么；
- 以与对方平级的身份，自信地走进办公室（切忌傲慢）；
- 使用有吸引力的客户案例来展示；

第 4 周行动计划：初次会面至关重要

- 采用对话的形式，在适当的情况下使用白板或活动挂图（仅将幻灯片作为辅助）；
- 借助可以建立信誉的问题间接地树立你的信誉；
- 就重要变化及趋势的影响，提出含蓄的问题；
- 询问与客户业务相关的问题，以此表明你已经为这次会面做好了准备；
- 询问客户的愿景及当前和未来之间的差距；
- 分享最佳实践案例以及其他公司正在做的事情；
- 记住留出 5~10 分钟来总结对话，并就下一步计划进行讨论；
- 提出一些你可以后续分享的有价值的东西，以此激起客户的好奇心。

避免以下专家行为：

- 低估建立融洽关系的必要性，小看或完全跳过此步骤；
- 局限在肤浅的谈话（如：谈论天气）中，不能真正建立联系；
- 以下属而非平级的身份走进办公室；
- 用数据和正式凭证来"告诉客户"（如：我们有五个办事处……）；
- 在初次会面中使用幻灯片或宣传册；
- 过于详尽地介绍你的方法；
- 提老生常谈的问题（如："什么让您彻夜难眠？"）；
- 提出多个封闭式问题（如："您的市场份额有多少？"）；
- 花太多时间阐述你的解决方案；
- 等到会面几乎结束时才讨论下一步；
- 在未给销售打下合适基础的情况下，提出撰写建议书。

chapter 6

第5周行动计划：
从认识到签单，做好全盘规划

在我写完第一本书《终生客户》后不久，便接到了一个电话，这是一家已经跻身财富500强并且仍在快速成长的大公司的培训主管打来的。该公司的首席执行官读过我的书，而且很喜欢我在书中提出的建议，便让这位培训主管和我取得联系，想要探求合作机会。

后来我们有过几次颇有成效的对话，我向该培训主管分享了很多如何让这家公司变得更加以客户为中心的建议，以及帮助客户主管发展客户关系的做法。

然而，这位培训主管在询问工作坊的费用时，问题出现了。我说出金额后，电话那头沉默了许久，她最后答复说："我们的预算负担不起这个价格。"现在回想起来，我本该在这个过程中坚持早点和首席执行官谈这件事。但是，这都是20年前的事了，而且从那以后我也学到了一些东西。只不过，当时的我坚持己见，在费用上并没有让步。后来咨询的事就暂时搁置了。

事实证明，坚定立场是正确的策略，我碰到的第一个机会并不是最合适的那一个。

一年后，那家公司的培训主管再次打电话给我，她说："安德鲁，我相信现在是你加入我们的大好时机，我们有合适的活动，并且有支付给你费用的预算。"于是，我应邀在他们全球500强高管参加的年会上发言。至此，我们建立了联系并延续至今。这家公司成为我最好的也是最大的客户之一，年年如此，而这家公司的首席执行官则一直积极支持我的工作。

或许也是天意使然，那家公司年复一年地蓬勃发展，渐渐成为行业里的领军者，并以高水平的客户服务和较低的客户流失率闻名。

这里的要点很简单：我想让你成功销售，但同样重要的是，我想让你赢得客户。有时，客户只是没有准备好从你那里购买；有时，这对你来说并不是一笔适合的交易。这种情况发生时，我希望你能在销售过程中给对方留下这样的好印象，即能为客户增加更多价值，以便为你将来创造合作的机会。

在本周的挑战中，你将学习另外五个重要的策略来实现销售，赢得客户。

安排销售会谈顺序的两条简单规则

第 4 周时，我简要讲述了初次会面的五个目标。然而，这些目标的顺序和重点会因为几个重要因素不同而有所不同。

关于如何开展业务发展会谈，我听过很多泾渭分明的说法。例如，"会面时先问很多问题，这样就可以让客户谈下去"，这是一个普遍真理。再如，"会谈时间的 80% 应该属于客户，而只有 20% 的时间属于你"这句话在几本热卖的畅销书中都出现过，这就像在说所有的主题演讲都必须是 30 分钟一样，这种一概而论的说法是无比荒谬的。有时，客户使用 80% 的发言时间是合适的，但在其他情况下，时间分配更可能是双方各自占据一半。

决定议题安排的第一大变量是，请求会面的人是你还是客户；第二大变量是，会面的客户是新的潜在客户还是现有客户中的高管。图 6–1 所示的矩阵展示了你需要如何调整会谈流程。

换句话说，如果是客户请求会面，你一般可以通过先问他们为什么想见你以及他们提出的问题来打开局面。但是，如果是你请求会面，那么你需要安排议题。另外，如果是面对一个全新的客户，你要经过建立信任的步骤——这个步骤我在第 4 周 "把握初次会面" 中已经做过简要叙述。

	现有客户	潜在客户
你请求会面	**建议** 1. 分享对客户公司和问题的增值评价 2. 获取反馈、提问并与客户探讨问题	**建议** 1. 建立融洽关系、确定议题并建立信任 2. 然后通过提问议题上的问题来探讨客户自身问题
客户请求会面	**询问** 1. 首先，聆听 2. 提问以探讨问题 3. 分享相关案例和想法，参与解决根源问题	**询问** 1. 首先，聆听 2. 提问以探讨问题 3. 用客户实例和增值的观点建立信任

图 6-1 客户发展会谈的四种类型

看着一个人机械地自我展示，对客户发出的所有信号置之不理，不得不说这是非常令人痛心的一幕。因此，请使用我以模块方式分享的五个目标和技巧，但一定要灵活，根据具体情况做出相应的调整和选择。

确定并应对关键的利益相关者

我曾经担任顾问的一家大型咨询公司以惨重代价认识到与利益相关者保持意见一致的重要性。它们与一家世界财富 100 强公司的首席运营官（COO）合作，向该公司提出一项数额较大的提案并投资了 25 万美元。在最终的陈述会上，董事长突然出席，但首席运营官之前向它们保证过董事长并不会参与这项决定。然而，事实证明，董事长在公司拥有大量的个人股权，并对董事会的决议有着举足轻重的影响。他虽然很少提意见，但提的意见都很有分量。

当我的客户陈述结束后，董事长从椅子上猛地跳起来说："这完全没有理由付钱给外面的公司来完成，我们自己的员工就应该能做好这项工作。"之后他便不留情面地离开了房间。结果自不必说，首席运营官对此深表歉意，但他确实把这个项目搞砸了。

如果你向公司推销你的产品或服务，那么在销售过程中你总是要与各种各样的利益相关者打交道。如果你忽略了重要的影响者，最后很可能会自食苦果。你努力写出的提案依旧会被否决，这是因为你懒得花时间争取主要决策者和其他重要高管的支持。即使你正和一位首席执行官商洽，对方可以单方面决定从你那里购买产品或服务，但你也可能需要让其他高管参与这个过程。

以下是你需要确定和争取的主要利益相关者或"影响者"。

1. **决策者**。这是一个可以决定从你那里购买并无须得到别人批准的人。决策者会问："这对我的公司来说是一次合适的投资吗？它会有很高的投资回报率吗？你有足够的能力来满足我们的需求吗？"

2. **日常采购人员**。这是一个每天跟你打交道的人。他或她不能对你的提案做出最终决定——能做出最终决定的是决策者，但这个人通常很有影响力。有时，决策者同时也是日常采购人员。这位买家会问："我们能合作得很好吗？你能帮我实现目标吗？"

3. **可行性的考察者**。这是一个被指派去确定和考察潜在供应商

像对待现有客户一样对待潜在客户，他们很可能会成为客户

我曾经采访过一位首席执行官，他告诉我有一家供应商寻求与他们合作。"他们始终坚持和我们见面，"他告诉我说，"尽管我们告诉他们，公司不可能从他们那里采购，但他们每次都分享对我们业务的深刻见解。一年后，我的员工对我说，他们给我们带来的价值超过我们目前的供应商，所以我们开始与他们合作。"

你必须谨慎选择在哪些客户身上投入时间。但在我在进行业务洽谈时，并没有真正区分"潜在客户"和"现有客户"——对每个人，我都努力做一个值得信赖的顾问。我慷慨地分享我的见解，告诉他们如果我拥有这家公司我会怎么做。我很热情，也很享受交谈。

的人。我不喜欢和他们打交道，因为他们能说"不"，但不能说"行"！他们经常会催促你提出提案或报价，千万别上当！如果你只和他们会面过一次或通话过一次，就给他们发送了提案，那么你通常会白费时间。要是与这种人交朋友，你就要多多了解他们公司所面临的挑战，但一定要坚持与决策者会面。可行性的考察者想知道："你符合我们的要求吗？我选择你能让人信服吗？"

4. 采购人员。 采购是无法避免的事情。最好的采购主管是真心地寻找价格、价值、质量、服务等属性的理想组合来满足企业的需求。最差的采购主管只是想让你降价，这样他们就可以说自己做好了分内工作，还为公司省了钱。

采购人员想确定你是否符合成为他们公司供应商的要求。一般来说，他们是想知道你们的

价格是否最低。

5. **其他影响者**。这些人通常是其他的主管，他们的部门或职能会受到购买的影响，和／或他们经常可以无形地对购买决定施加影响。在本章开头的故事中，最后一刻使销售告吹的董事长便是一个典型的例子。他是一个很有影响力的人，但不太适合归类到前面所列的类别。

你的目标是确定的并赢得销售过程中所有关键利益相关者的支持。你应该与他们会面，了解他们需要什么，并在他们当中建立信任。你必须使他们确信你是最好的，而且是能提供最高价值的选择（而他们来做并不会实现最高价值）。你也必须使他们确信你尊重他们的个人目标，并且会帮助他们实现。合同金额越高，通常利益相关者就越多。

另外还有一个利益相关者需要关注，这里可能用"角色"这个词比利益相关者更恰当。几年前米勒（Miller）和海曼（Heiman）在他们的《战略销售》（*Strategic Selling*）一书中就强调了这个词。这个角色就是管理教练。管理教练是了解客户公司内部情况并想帮他们赢得销售的人。管理教练可以是决策者，也可以是初级经理人，甚至是公司前员工。他们可以帮助你了解公司，了解不同影响者的需求并制定取得成功的合适策略。对于任何复杂的销售，你都会需要一个管理教练。如果你没有的话，那就会处于劣势。

从建立联系到签订合同

销售周期有长有短,我有过一个小时的销售周期,也有过长达一年的销售周期。一次卓有成效的洽谈转变成一个对方最终接受的提案,那个神奇的临界点究竟是有什么?宽泛地说,客户信任你并相信你的解决方案可以帮他们解决重要问题或是抓住有利机会的最佳选择,这时就会促成销售。

有两个重要方面支撑了从洽谈到购买行动的转变:一是建立信任的过程;二是对销售的理性因素、政府因素和个人因素的理解。

如何快速建立信任

我认识的一位高管朋友,针对新项目向他的一位客户提出了自己的解决方案,结果被回绝。客户告诉他:"你知道的,感觉你们只是想向我们推销一些东西。"对此,我朋友的解决办法是修改建议书,并且努力使其对客户更具吸引力。

我告诉他,被拒绝的真正问题不在建议书,而是他对你缺乏信任。我朋友很惊讶地看着我,"听着,"我告诉他,"如果你的客户真正信任你,在你向他提出建议时,他会完全相信你这样做是为了给他的公司争取最大的利益,而他也不会说你只是想卖东西!"

因此,在接下来的五个月里,我朋友花了更多的时间与他的客户进行面对面交流,更好地了解客户,并专注于为客户面临的重要挑战之一提出有价值的见解。客户对他的信任与日俱增，最后终于采纳了他的建议。

信任是人际关系的润滑剂和黏合剂，世界各地皆是如此，它减少了与他人合作时不可避免的摩擦，能够在工作和家庭中建立灵活且有深度的联系。社会学家曾说，信任实际上改善了人类生活的方方面面。

信任的正式定义是"对某人或某物的特点、能力、力量或真实性的确信与依赖"。更简单地说，信任就是一种对方会达到我们对他们期望的感觉。那么如何培养客户对我们的信任呢？可以归结为五个关键因素组成的信任等式（如图6–2所示）。

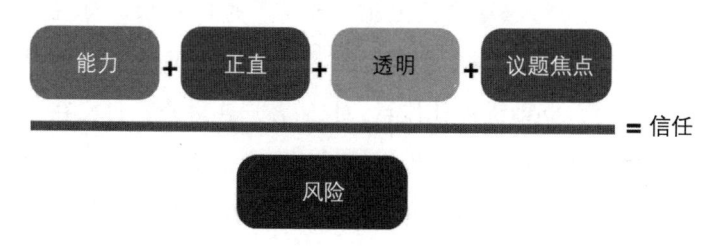

$$\frac{能力 + 正直 + 透明 + 议题焦点}{风险} = 信任$$

图6–2　五个关键因素组成的信任等式

第一，客户需要相信你能胜任你的工作，即你有能力兑现承诺。基于能力的信任会有所起伏，主要取决于别人要求你做什么。客户可能会相信你可以简化他们的审计流程，但不相信你可以制定业务战略。你可能会相信管道工能修理漏水的水龙头，但不会相信他们能粉刷墙壁。因此，信任的一部分挑战是影响客户对你在不同领域具备的能力的看法。

第二，信任建立在正直这一品质基础上。记得数学中"整数"

这个专有名词吗？它的意思是一个小数点后面没有数字的完整的数。如果你是一个正直的人，你就是一个拥有坚定的价值观和信仰、行为统一的完整"整体"。正直意味着诚实，当然，它并不局限于此，还意味着始终如一、可靠与谨慎。

第三，建立信任的因素还有透明。有这样一句话用来形容人——"所见即所得"，你听过吗？换句话说，他们没有秘密或隐瞒的议题，坦诚地与你分享信息；相反，如果客户觉得你没有与他们沟通，或者更糟糕的是，一旦客户觉得在你回避时，他们对你的信任度就会急剧下降。

我的一位客户曾告诉我，他与一家律师事务所合作多年，他们的律师曾在一份法律文件上犯了非常严重的错误。据说，这个错误或许一两年内不会有人注意到，但律师事务所在意识到自己的错误后，立即提请他注意。我的客户告诉我，自己在这之后并没有不信任他们，反而更加信任，因为律师事务所坦率地告知了错误。他对律师事务所的人说："我知道你们总是对我坦诚相待。"

第四，影响信任的要素是议题焦点或目的。你是否关注客户的议题，即关注客户的利益？你可以怎样帮助他们？或者说，你是否安排自己的议题？当你觉得对方正建议的事情，虽然他们坚称最符合你的利益，但其实最符合他们的利益时，这便是一个严重的危险信号。

第五，感知风险。批准一份金额5000万美元的IT投资合同，远比订购办公用品的风险要大得多，那么信任标准自然也要高得多。随着感知风险程度降低，信任度就会随之上升。你的挑战是：采取措施降低客户对从你处购买产品或服务的风险感知。

以下行为方式可以帮你在客户心中建立信任。

- 兑现所有承诺。要说到做到，对极小事情的承诺也要和对重大事情的承诺一样严肃对待。一定要反应迅速，总是准时。如果客户不信任你能做好一件小事，那么为何他们能相信你做成大事。
- 始终保持自信。树立谨慎且从不批评不在场的人的名声。
- 坦诚直率。诚实、直截了当地回答客户的问题，如有必要，可以说："我不知道——但我明天会给您答复。"
- 经常沟通。客户对你的信任和顾客让渡价值通常会随着你沟通次数增多和质量提升而提高。
- 做明显符合客户利益而不是你自己利益的事情。如果客户看到你着实把他们的需求放在第一位，那么这会增强他们对你的信任。
- 共度时光。面对面交谈能让人产生好感和熟悉感，从而增强信任度。请注意，找机会与你的客户在办公室外会面。通过改变关系环境，你会加强与客户的联系（例如，在办公室外吃午餐，邀请客户参加会议，等等）。
- 降低客户的风险感知。让潜在客户与现有客户会面，现有客户可以证明你曾帮他们取得的成果。将一份合同分解成几个独立的部分，在执行过程中定期检查成效。保证你的工作质量（这不一定是具体成果，这些在很大程度上会超出你的控制，因为它们大多取决于客户自身的领导能力和执行效率）。

应对理性因素、政府因素和个人因素

在我职业生涯早期，一位客户要求我公司分析如何让他的业务部门重新盈利，而政府在这家公司中握有主要股份。我们的分析表明，公司业务有很大盈利潜力，但要实现这一点需要大量投资。对我和我的团队来说，对其进行重组是完全有意义的——这是一个理性的决定。

然而，当我向客户提出这个建议时，他大吃一惊。他说这个方案不可能实行下去。这个理性的解决方案是通过向公司注入资金来恢复其健康运营，但是我们却没有考虑政府因素和个人因素。我们建议的大规模咨询项目可能会给我的客户带来巨大的个人风险。他的目标是在担任首席执行官期间一切平安顺利，既没有任何丑闻，也没有任何财务危机。他的目标，同时也是政府的目标，侧重风险管理，而非利润增长。他们把大量的经费花在外聘顾问上，这也会使其因浪费纳税人的钱而受到政府的抨击。

如果当初考虑了这三个要素，我们就会做出一个投资金额较小的项目设计，这样意义会更大，还能满足客户的目标。

如果你给客户提出的项目建议金额巨大，你就要问自己一些有关以下三个因素的问题。

第一，理性因素。

- 客户购买你的产品或服务有什么理性解释？
- 你的解决方案将如何帮助客户的公司实现其战略、经营和财务目标？
- 可量化的价值和影响是什么（例如，收益和利润增加、成本降低等）？质量效益是什么（例如，企业文化提升、团队合作更密切等）？

第二，政府因素。

- 与你或你的公司合作将如何影响你的客户在其公司里的声誉和人际关系？
- 在客户的公司里，其他利益相关者的不同目标是什么？你的建议书会对他们产生怎样的影响？他们又会如何反应？

第三，个人因素。

关键购买决策者是有个人抱负和愿望的，你的建议是如何支持或关联到他们的抱负和愿望的呢？例如，他们的事业目标、学习日程、关系网、个人发展、个人年度绩效目标等。

如果没有考虑这三个因素，那么就像是做手术时没有监测病人的血压、呼吸和心率一样。图6-3对这三个因素做了总结。

理性因素
客户购买你的解决方案有什么理性解释

政府因素
政府和公司对你的客户有什么影响

情感因素
购买你的产品或服务有什么个人风险与机遇

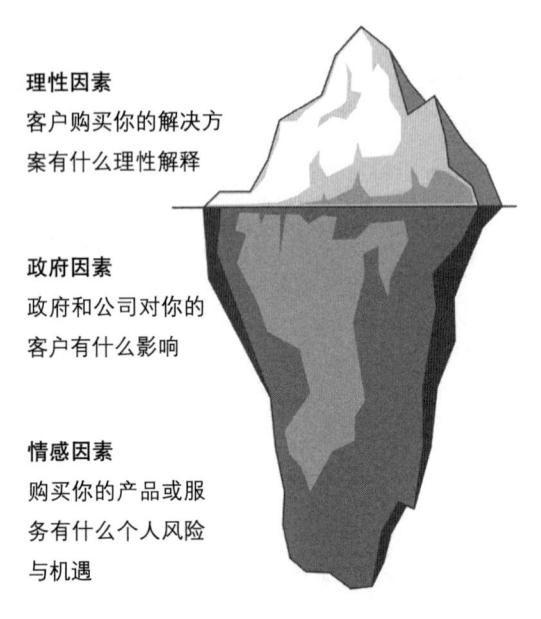

图 6–3　销售的三个因素

稍等！现在还不能提交那份建议书

　　写一份出色的建议书是一项巨大的投资，它通常需要投入大量时间和金钱。公司可以轻易地将收入的 10% 用于销售，而其中很多资金用来准备建议书。不幸的是，许多建议书未被采纳，这是因为它们提交得太早，甚至一开始就不应该写。其他人对机会进行了次优化，对于机会，我会在第 8 周 "重构问题以获取最大影响" 中进行探讨。

　　根据我的经验，有大量未被利用的机会可以提高你公司的投资回报率和建议书采纳率。对于建议书，许多公司放弃采用希望最小的机会，然后将精力更多地放在希望最大的机会上，我看到我的许多客户是这样做的。

在撰写和提交建议书之前，你需要确认以下八个先决条件。

1. **这是适合的客户、适合的问题**。你的策略适合这个客户吗？例如，它的规模、行业、地理位置等是否适合？就能力而言，这个问题是你"最擅长解决的"吗？与你共事的主管是否是他们公司中办事高效并受人尊敬的人？

2. **这个问题已经明确界定**。你必须对你需要解决的问题有透彻的了解。这可能在一次会谈中就能做到，但更可能在两三次会谈后才能做到。记住：有时候，客户并没有很好地界定问题，而且他们对问题的表述可能在几次会谈中都会有变化。

3. **你已经全面构架出问题和解决方案**。客户对问题的界定往往过于狭隘，而你的工作是在不冒犯对方的前提下挖掘问题的各个方面，以求能提出最佳解决方案。在第 8 周，我们将深入探讨重构策略。

4. **你和客户对建议书的价值和影响的看法一致**。了解什么对客户最重要，这一点至关重要。他们在寻求什么特别的价值？实现价值的速度是否很关键？成本有多重要？质量要求呢？你需要仔细探究客户所预计的定量影响和定性影响，然后改变他们的价值预期。

5. **你要了解客户的购买流程**。你知道你的客户会如何做出决定吗？谁会参与决定？选择标准是什么？他们的时限长短是多久？提出这样的问题是完全合适的，例如："您能告诉我您的决策过程和时限吗？在您进行下一步之前，需要和哪些主要利益相关者统一意见？谁能最终决定选择与哪家公司合作？"

6. **你已与决策者或高管会面**。有时，这个人也被称为购买最终影响者。你需要和这个项目的高管商洽，最好是与其面谈，因为这位主管会最终决定是否与你合作。如果你还没有与这个人会面，那么你的工作就会比较盲目，因为你并不知道对方的具体目标和期望是什么。此外，人们会从他们喜欢和信任的人那里买东西，如果你还没跟他们见过面，他们就没有选择你的充分理由！

7. **你和客户已经就建议书在构思上达成一致**。在提交之前，你必须与客户商讨过建议书的基本要点，并就其达成高度一致。你可能会说："在向你提交提案之前，我想和您过一遍我们的基本方法。这样，我就可以在最后定稿之前得到反馈和意见。"如果你的构思没有得到认可，你提交的建议书可能就不太符合目标或许还会被挑出不足之处。

8. **你安排了后续讨论，审查建议书和客户对建议书的看法**。建议书提交后，你要与客户达成一致意见，讨论建议书的内容。你可以安排一次电话沟通或面对面会谈，确保客户阅读建议书并与你分享其看法。

想一想在你写的那些建议书中，
有三四个先决条件没达到的建议书成功率是多少？
那些所有先决条件都达到的建议书成功率又是怎样的？

第 5 周行动计划：从认识到签单，做好全盘规划

如果你在同意提交建议书之前做了功课，那么你和客户就能实现双赢。

> **将关键想法付诸行动**
>
> ■ 根据是现有客户还是潜在客户，是你请求会面还是客户请求会面（使用本章开头的矩阵），为每一个业务发展会谈制订计划，并准备好根据会谈进展改变你的计划。
>
> ■ 与客户一起研究利益相关者（即影响者），询问谁将参与决策过程。
>
> ■ 永远不要低估获得行动方案情感承诺的重要性。是的，客户认为"索贝尔有适合的经验和方法来帮助我们实现目标"这很重要，但这是一个必要不充分条件。他们还需要有这样的感受："我信任索贝尔并对他很放心，如果客户主动这么想，那么这会使我的工作更轻松，也可以帮助我实现目标。"
>
> ■ 了解销售的"政府"层面并不意味着参与公司管理；相反，它使你了解围绕潜在合同的公司动态。谁是关键的利益相关者？购买会给你的客户带来什么样的风险？哪些影响者会支持购买？哪些人又会反对？
>
> ■ 在你销售和撰写建议书过程中，把上述八个先决条件作为指南。如有必要，准备好解释任何一个既定的先决条件是如何既重要又符合客户的最佳利益的。

chapter 7

第6周行动计划：
分析客户不肯下单背后的真正原因

> "我不明白，"我的客户恼怒地说，"我们所做的一切都是正确的，我们与高层决策者的关系也很好，我们的解决方案在整个市场上最能满足他们的需要，但是他们迟迟不能做出决定，现在已经拖了好几个月了。"

这听起来是不是很熟悉？当我问一大屋子的客户："你们当中有没有人正困顿于销售受阻？"几乎所有人举起了手。

在这种情况下，公司的战略负责人才是做决策的关键人物。对方一再向我的客户保证，签合同只是时间问题，但是在约见了一次又一次之后，都没有达成协议。所以我就敦促我的客户邀请对方共进午餐，一探究竟。真没想到，我的客户竟然做到了！原来没有签成合同的原因是其他几位高管迟迟没有投出赞成票。在这个特殊的案例中，遇到阻碍是因为利益相关者的意见无法达成一致。但值得称赞的是，我的客户已经找到了事情的原委，尽管战略负责人对实际情况并没有直言不讳。要弄清楚到底发生了什么往往需要耐心。

于是，我建议他提出一个包括他的客户和其他职能部门、业务部门主管都参与的协调行动。为了更好地了解他们的需求与担忧，回答有关建议书的问题，我的客户与他们分别会面。然后，通过使用我帮助他设计的简化模板，他们召开了一个内部会议来审查这个项目。这次会议很有成效，销售进展得也很顺利。

销售的五个先决条件

当销售陷入困境时，原因总是有迹可循的，你的工作就是找到症结所在。大多数情况下，是因为缺失以下五个先决条件之一。通过我在每个先决条件后列出的说明性问题会更容易理解它们的重要性。

1. **客户必须注意到重大的问题或者说重要的机会**。也许你认为存在问题，但如果客户不这么想，那这单生意就谈不成。我喜欢称之为"红色问题"。没有红色问题，就谈不成生意。当然，多数情况下，人们购买的都是类似于笔、纸这类非紧急性的必需品。然而，我的关键点在于协助你成为一个能够吸引大客户的造雨人——带来滚滚财源的重要级人物，能够

第 6 周行动计划：分析客户不肯下单背后的真正原因

为你的客户解决重要的问题，甚至是关键任务的问题。

诊断性问题：

- 在你的众多项目中，这一项目按照优先级排序处于哪一级？
- 公司中还有什么要依赖于此问题的解决？
- 这和你的战略有什么关系？
- 你认为解决这个问题或抓住这个机会的价值是什么？

2. 你必须和有话语权的主管谈，即和那个可以采取行动的人谈。
如果我和一位客户高管接触，他对一个"大"问题非常忧虑，却无权采取任何行动，这种情况下，如果我每小时能赚一美元的话，那么我就能借此暴富了，因为时间会无限期地拖延下去。

诊断性问题：

- 该问题如何体现在你今年的绩效目标中？
- 该项目会由你负责吗？
- 你公司谁有权设立项目解决该问题？是你还是其他人？

3. 客户必须对改变或改进的速度不是很满意。对于解决这一问题，客户必须有紧迫感，因为变化往往发生得不够快，或者甚至根本就一点变化都没有。也许你因此就能获得一个重要的机会，并且可以与主管的高管进行会谈。但是，如果客户对他们当前的进展满意（无论是对公司内部的努力还是你竞争对手的努力），那么生意就做不成。

诊断性问题：

- 当你思考这个问题时，现实状况给你带来了什么问题？

- 你能告诉我为解决该问题你所做过的努力吗？（如果没有，他们怎么又不满意呢？）
- 我很好奇，你遇到的挑战是什么？是你不知道如何正确解决，还是因为改进速度缓慢而感到沮丧？

4. **客户必须相信你是解决这个问题的最佳选择。**记住，最大的竞争往往来自公司内部，客户必须相信你比公司自己或竞争对手都会做得更好。如果具备了上述先决条件的前三条，但是如果客户认为你不是最佳选择，那生意也谈不成。

诊断性问题：
- 在外部资源使用方面，你在考虑哪些选择？
- 与雇用外部公司相比，公司自己解决这个问题的利与弊是什么？
- 你怎样看待我们在这一领域内的能力？

5. **客户必须相信关键利益相关者的意见是一致的。**现在看起来已经万事俱备：这是一个重要的问题，你的客户拥有决定权，他们对改进的速度不满意，他们相信你是最佳选择。但是如果公司关键利益相关者不认可，客户仍然会犹豫。

诊断性问题：
- 谁是关键利益相关者？你如何描述他们对这个问题的看法？
- 对于是否推进以及如何推进，你认为各个利益相关者的立场是什么？
- 通常情况下，对于类似这种重要项目，你如何使公司内部支持者实现意见统一呢？

在这一点上，可能你会认为我漏掉了某样东西：对方采纳你的解决方案的预算。如果这个客户没有钱（即没有预算），那就达不成交易，对吧？错了！因为所有的客户都会有预算，除非我们讨论的是一家破产的公司，它的银行账户里根本没有钱。更确切地说，这是一个关于优先级的问题，接下来我会详细解释。并不是说客户没有钱——只是说他们没有优先考虑你的预算。

如果先决条件缺失

如果你发现一个或多个先决条件缺失时，该怎么办？你能创造它们吗？有时候可以。但是有时候，你可能需要暂时搁置，待时机成熟时再采取行动。如果你发现条件缺失，下面我就对此分享了一些做法。

1. 没有明显可见的问题或机会。可考虑采取的行动有：

- 量化没有采取行动的成本；
- 向客户例证在这个问题上，其他客户付出的代价是多少，以及解决这个问题后他们获得的好处；
- 让公司另一位主管说服你的客户，告诉他情况的紧迫性；
- 找一个更紧急的问题来讨论。

2. 高管不负责该问题。可考虑采取的行动：

- 找到负责该问题的高管或决策者，并且请客户把你引见给他们；
- 如果客户不能或不愿意引见，那就请你的公司级别更高的领导面见一下决策者。

3. 客户对改进速度不满意的程度不够。可考虑采取的行动：

- 使用客户实例展示其他人解决这个问题的效率；
- 找到其他更不满意的利益相关者。

4. 客户不相信你是最佳选择。可考虑采取的行动：

- 对提升自己解决问题能力的可信度和信任度进行投资（比如：花更多时间面谈、提供更多实例、获得更多客户推荐、提供更好的企业受益实例，等等）；
- 把决策者引荐给另一位客户，这个客户可以告诉决策者你是如何帮助他们应对同样或类似挑战的。

5. 关键利益相关者观点无法统一。可考虑采取的行动：

- 对决策过程提出针对性的问题，询问谁是参与者，谁是影响者；
- 告诉客户你是如何帮助其他客户在此类问题上实现意见统一的；
- 主动提出为客户准备信息材料，帮助客户推进统一意见的进程；
- 为了进一步推进意见统一进程，主动提出为讨论/举办工作坊提供便利。

四种典型的反对意见

客户可能会对你的建议书提出许多不同的反对意见。有时客户的回答直截了当："我们已经决定使用别人的方案了。"但是在通常情况下，他们的表达模棱两可，比如"我们还在审核"。然而，所有反对意见都可以归结为以下四点：

1. 不需要。比如："我们不需要你们提供的东西。"
2. 不着急。比如："时机还不成熟，我们还有太多其他事情需要优考虑。可能六个月之后，我们才能推进这个。"
3. 不信任。比如："我们喜欢你，但我们不确定你的解决方案就是我们需要的。"或者"我们认可你们的解决方案，但我们觉得你们的全球化程度不足以满足我们的需求。"
4. 没有钱。比如："我们现在预算不足。"

人们过去学到的"处理"或解决客户反对意见的方式是，说服潜在客户，让他们相信反对意见是站不住脚的，这是一种居高临下的态度。而我会把反对当作与客户接触的机会，以此来了解他们的想法以及他们所面临的限制因素。

试着回答这些问题，这将有助于你理解这些反对意见。

1. 不需要。有没有不同的优先考虑事项或目标可让你关注的？你是否已经清楚地说明你的解决方案可以帮助客户解决他们的难题？如果客户没有意识到他们有需求，那你将如何引导他们，让他们更清楚地看到？
2. 不着急。为什么他们没有紧迫感？是因为有其他更重要的优先考虑事项吗？你能（或许可以使用其他客户的实例）让客户意识到为什么解决这个问题应该很紧迫吗？你能让客户更容易与你合作吗？为了探究"不着急"这一反对意见的理由，你可以问你的客户诸如此类的问题："什么会改变这件事对你的紧迫程度？""现在还有什么其他的事情更重要？""是否担心这会在你本来就很繁忙时，占用你过多的时间和精力？""你没有把解决这个问题放在优先考虑的位置上吗？"

3. 不信任。信任等式的哪一个环节比较薄弱？是客户认为你没有能力，不相信你能胜任？他们不信任别人，同样也不信任你？是不是你与客户面谈的时间不够？他们认为你的方案太冒险了？你可以直接问客户："作为解决这个问题选择对象，你是如何看待我们的？"

4. 没有钱。"没钱"是不是客户的一个借口，为了掩盖某个他们不想承认的反对理由？客户对于预算上的优先次序是什么？当你得到这个反对理由时，你需要问客户一些问题来弄清楚其真正的含义是什么。

顺便说一下，如果反对意见是"资金不足"，这里有12个建议可以帮助你为你的建议书获得预算：

1. 获得更高级别、拥有更大权力的决策者的支持；
2. 重新界定这个问题，使其更具战略性，并能吸引必要的资金；
3. 为客户找到可以节省现有预算开支的机会；
4. 建立灵活的合同条款，以此来减少初期的资金负担；
5. 通过提供更具说服力的企业受益实例和提高感知效用来增加感知价值。将你的工作与增加可量化的收益或降低可量化的成本紧密联系起来；
6. 与购买者重要的个人"利益"相契合；
7. 从其他可能间接受益于解决方案的领域获得额外的预算，为你的建议书获得资金支持；

8. 将诸如数量、规模效率等小折扣汇总起来，形成一个大折扣。
9. 重组项目以满足他们现有的预算（如果他们的预算还有剩余的话）；
10. 给你现在所做的一切重新命名，找一个不同的预算类别；
11. 在合同中加入一小部分绩效费用条款，这样你就能根据结果获得部分报酬；
12. 如果你的建议书不在客户的预算当中，那么与客户一起努力争取被纳入他们下一个计划和预算。可以提出做一些适当的前期工作的建议，以此更多地了解他们的需求，在撰写下一个建议书之前建立一些关键关系，等等。

最后，一定要问客户他们的资源配置过程如何运作，然后根据自己了解的情况，看看可以做些什么，努力让自己的建议书引起客户的兴趣和注意。

拥有超过你处理能力或需要的信息所带来的巨大影响

你从现有或潜在客户那里获得的信息越多，业务就能发展得越快。获取的信息比当前需要或可以理解的信息更多，这一点至关重要，其原因还有三个。首先，它能够让你有能力拒绝你看到的机会中成功率只有5%到10%的机会。久而久之，这将大大提升你客户组合的质量。其次，它能让你坚守你的价格，这可不是一件小事。最后，它能使你保持一种积极的心态，这帮助你能以平等的身份（即一个有价值的商业伙伴）与所有的客户相处。就盈利能力和整体业务健康状况而言，多15%的信息和少15%的信息之间的差别是巨大的。

你将面对客户的五种真实场景

让我们来看看五个现实生活中的例子，它们是你在向现有客户或潜在客户提交建议书获得认可之前可能面临的障碍或难题。

场景一：多疑的客户

你："谢谢您今天早上和我见面，我期待着了解您所面临的挑战，并与您分享一些我们正在与同行业其他公司合作的工作实例。"

客户："太好了！跟我说说你的公司吧，你觉得你们有什么不同？"

出于某种原因，即使是最有经验的专业人士，也会因为这个问题而感到焦虑不安。在这样的场景下，许多人马上开始滔滔不绝地说些陈词滥调，比如"我们和客户合作"，或者"我们很愿意倾听客户的意见"，或者"我们的产品技术先进"。问题是所有人都可以说这些话。事实上，这对客户来说毫无新意，这些陈词滥调根本不能使你与众不同。

困难之处在于，仅仅通过对自己工作的描述是很难脱颖而出的。要让你的客户相信你是特别的，就需要与他们进行有价值的对话，讨论他们的业务问题，并展示令人信服的例子，说明你是如何给其他客户解决问题的。

以下是针对此问题的四种回答范例，效果立竿见影。

第6周行动计划：分析客户不肯下单背后的真正原因

1. **分享客户所说的话。**"我们在与客户面谈获取他们反馈时，他们通常会提到三个方面。他们说我们是……"（然后列出三个突出的不同点）。接着补充说，"让我来讲一个最近我与客户合作的例子，我认为这个实例切实体现了我们的这几个方面……"（然后简要概述与客户合作过程，内容篇幅控制在75~100个字即可，要包括客户的问题、你的解决方案，以及所取得的成果）。

2. **把关注点放到人身上。**"首先，我想说，所有与我们竞争的大公司都有很强的技术实力。你真正能看到差异的地方在于那些每天和你一起工作的专业团队。我个人会专注于少数客户，投入大量个人时间去了解他们，并为他们带去我们公司所能提供的最好的服务。我的出发点始终是要了解客户的首要目标以及主要优先考虑的事项，也许我们可以从那里开始？"

3. **直接提供客户实例。**"帮助您了解我们工作方式的最佳方式，是向您描述我们最近为其他面临类似问题的客户所完成的一些工作。"在和你的客户分享几个简单案例之后（这些案例都是你提前精选出来的，因为你相信这些案例会让客户产生共鸣），你就可以把话题转移给客户，问他们都面临什么问题。

4. **转移谈话方向。**"我们是一家全球性公司，帮助不同类型的客户优化供应链。对我来说，要想展示我们的不同之处，最好的方法就是向您展示我们将如何解决您目前正面临的问题。也许您可以分享一下今年您个人最关注的点是什么？"

场景二:"我现在就想要一份建议书"的客户

你(在第一次会谈即将结束时):"很高兴与您会面,也很高兴了解了您为改变客户体验所做的努力。在我们结束之前,何不花几分钟时间讨论该如何进行下一步呢?"

客户:"下一步,你能否为我们写一份建议书,其中包括可能需要的花费,这对我们很有帮助。"

就像我在第 5 周中提到的,你有时会被要求过早地写一份建议书。如果我列出的八个先决条件没有满足,你就不应该把宝贵的时间和金钱投入到一份建议书上。

下面,我逐字重现了我在这种情况下与潜在客户的对话。她是一个可行性的考察者,在简短的讨论后,她要求我提交一份建议书。记住,这种可行性的考察者能说"不",但不能说"行",因为他们并不是最终的决策者。

我:"为了写一份全面的建议书,准确地列出我们如何帮助您实现目标和预期结果,我需要获取更多的信息。"

客户:"什么样的信息?"

我:"例如,我记得您说过贵公司市场营销部高级副总裁将是这个项目的负责主管。我想和他谈谈,了解一下他对这一问题的看法,以及他所期待的结果。"

客户:"我已经面见了我们的高级副总裁,了解了他的看法。所以我觉得没必要,我真正需要的是你的建议书。"

第6周行动计划：分析客户不肯下单背后的真正原因

我："那太好了，您想得真是太周到了。我很好奇，关于贵方的 IT 部、人力资源部和销售部将如何支持这项工作，他们是什么想法呢？在与其他客户进行顾客体验方面的合作中，我了解到这些企业范围内的联系至关重要。"

客户："我们并没有深入研究过这个问题。但是这个问题很好，需要我们回答。"

我："另外，您有没有探究过项目的变更管理维度？例如，您的客户服务团队必须改变一些根深蒂固的做法，组织权力也可能随之发生变化，这都需要应对。考虑到这一挑战对整个企业的影响，我认为您将需要建立一个项目管理办公室（PMO），并配备一些有经验的人员。"

客户："你知道，这些问题真的不是我的职责范围能回答的，你需要与我们的营销主管沟通。"

我："写建议书对我们来说需要投入很多，我想把它做好。但是，如果不了解这些补充性的问题，很难想出一个适合贵方这种特殊情况的方案，而且价格也确定不了。此外，以我的经验，您正在斟酌的潜在外部资源，贵公司高级副总裁会很希望面谈的。或许我们可以和贵公司高级副总裁一起再进行一次讨论？"

客户："等我和他商量后，再给您答复。"

果然，两天后我收到一封电子邮件，邀请我与他们的营销部高级副总裁见面。请注意，通过提问，我让客户意识到为什么在提交建议书之前获得更多信息，对我来说至关重要！而且，我也建立了自己的信誉，因为我在解决他们面临的挑战时展现出了丰富的经验。

总而言之,把问题轻轻地推回去,不要让自己仓促地去写一份可能根本没有机会被采纳的建议书。

场景三:与当前供应商竞争

即使现有的供应商已经满足了他们的需求,客户也可能会要求我们提供方案。有时他们这么做只是为了给现有供应商施压;有时可能是对现有供应商不是很满意,想看看别人能做些什么。通常情况下,公司规定对大型采购合同投标需要多家公司竞标——不管现有供应商的工作做得有多好。但要注意:我从自己的客户那里得到的数据显示,如果竞标公司中有现有供应商,那成功的概率就很小。所以,你需要审慎考虑这样的机会,如果决定继续,你的方案就要有真知灼见。

这里有九条建议,可以帮助你从当前的竞争对手那里分得一杯羹,甚至取而代之。

1. **寻找突破口**。我也称之为"购买催化剂"。有些情况会让打破僵局更加容易,例如:

   ■ 有股东持不同意见或有竞购的威胁;

   ■ 高管人事变动,比如更换首席执行官或公司重组;

   ■ 经济事件或经济冲击;

   ■ 公司战略发生显著变化;

   ■ 竞争对手退出竞争;

- 当前供应商的服务或产品质量出现问题；
- 出现新的竞争威胁。

2. **试着找出一些小的或不具威胁性的可行之事。**如果客户与现有供应商关系甚好，若你寄希望于他们与你合作而抛弃现有供应商，那么你成功的机会很小。

3. **逆向思考**。提出一种新方式来界定这个问题，以此表明他们目前的方法是过时的（"我们过去是这样做的……"）。

4. **专注于你和竞争对手之间有明显区别或有明显优势的领域。**问问你自己："我们在哪里可以利用自己的特殊优势？"

5. **为赢得客户的信任和尊重付诸努力**。在当前供应商享有既有信任关系的优势时，你必须更加努力，提前调研和分析，以便了解客户的问题和公司的情况。

6. **找出客户公司中对当前供应商的支持不是很坚定的高管，引起这些人的注意和兴趣会更容易**。正如人们所言，你可以让他们内部分裂，然后逐个击破！

7. **强调创新和新思想**。客户们总是在寻找新的视角，至少他们通常不会让现有的关系妨碍他们倾听别人的见解。如果你能就他们的一个关键性问题提出有趣的观点，他们可能会很愿意听。

8. **要有耐心和毅力**。想要找到一个合适的突破口，可能需要多次拜访和无数次交谈，这需要很长一段时间（几个月，甚至一两年）。

9. **始终保持联系**。这样当机会来临时，你能出现在客户的销售雷达显示屏上，客户很容易想到你。这一策略适用于任何发展新业务时的情况，但如果竞争对手是知名大公司，这一策略更是行之有效。在紧急问题出现时，你肯定希望自己是客户首先想到的人。

如果你正与当前供应商竞争，那么这九种策略中的哪一种会有针对性作用？你的特殊优势是什么？

场景四：想与高层会面，但客户嫉妒心和控制欲太强

我曾为一家公司担任顾问，该公司与另一家大公司签订了一份重要合同。与我的客户每天打交道的是一位总监级别的高管，但是他对自己的职位十分缺乏安全感。我的客户觉得他们对改善客户公司业务所提出的方案惠及全公司，非常振奋人心，所以决定引起高级副总裁的注意，这位副总裁比和他打交道的主管高两个级别。我的客户还顺便告诉了这位主管他们准备去面见高级副总裁。当时这位主管只是点了点头，似乎一点也不担心。但我客户的此举却引起了轩然大波。这位主管向高级副总裁愤愤不平地抱怨，因此这位高级副总裁开始严重怀疑在这个主管不在场的情况下与我客户会面是否明智，甚至觉得根本不用会面。这位主管还因为我客户绕过他直接找他的上司而愤怒地质问我的客户。由此，他们已经建立起来的信任一瞬间崩塌了。

如果客户公司的日常联系人是一名中层管理人员，你就会特别想与高层管理人员建立关系。但有时，中层管理人员的控制欲比较强，甚至唯恐失去你对他的忠诚，因为他们想成为你唯一的客户，

所以当然不希望你越级办事。

那么，如何在公司里"与更高级别的客户建立关系"的同时，还能维持与现有客户的关系呢？你可以通过做以下四件事来实现。

1. **最重要的是与你日常打交道的客户建立信任**。当他们说："我不想让你和我的老板谈"时，此时他们暴露了对你的意图的怀疑。花时间和他们单独交流，真正了解他们的渴望和担忧，搞清楚他们为什么这么做。然后明确告诉他们，你正在不遗余力地帮助他们实现目标，而且还要告诉他们为什么你和他们的老板建立关系对他们有帮助。

2. **在销售过程中，你应该尽力面见大股东和高管，因为你的产品或服务会直接影响他们**。这样，你实际上就已经和这些高管建立了初步关系。

3. **交付阶段，继续创造机会与高级管理人员见面，这是你建立关系过程的一部分**。和直接与你打交道的客户讨论获取这些领导层观点的必要性，帮助确保得到管理层的支持和承诺，进而开展下一步。

4. **一旦你已经建立起关系，就可以让公司里更多的人知晓你的工作**。寻找与关键利益相关者互动的机会，以获取他们对你的支持。将你目前正在做的工作与公司的宏观战略联系起来。寻找机会，比如在计划会议和内部会议上，展示你所取得的成果。

场景五：应对客户"玩失踪"

你是否有过这样的经历，你和潜在客户谈得非常投机，他看起来对你的产品或服务非常感兴趣——但随后……并没有后续？你们可能见过几次面，甚至你已经拟好了建议书，但客户一直没有回复你。

事实上，我认识几家公司，他们认为"没有下决定"是表明一份建议书"石沉大海"的最常见的理由之一——他们只是从来没有收到客户的回复。这几家公司都有提交建议书后客户没有回复的现象，仅建议书的成本总金额就高达数百万美元，而建议书悬而未决的原因只是客户没有下决定。

有这种经历的人不只你一个。我只能用不礼貌和不专业来形容这种行为。在过去10年里，这种行为在商界急剧增加。也许是因为现在很多公司经理在这种全天候待命的职场文化中感到负担过重。又或者，这只是一种文化拓展趋势的一部分，在这种趋势下，自私自利已经把基本礼仪抛在了一边，所以我用了"玩失踪"这个词来描述他们。这种表述主要用于约会场合，指的是某人没有任何解释就不回你的短信、邮件、电话以及其他联络方式。这个人如同"人间蒸发"一样。面对这种情况，你要有自己的应对策略。

首先，切勿情绪化，这只是生意而已。感觉自己很失败，大半夜为此忧心忡忡，都无济于事。通常情况下，客户鲜少回应你与你自己本身和你所提供的价值都无关，而与客户正在处理的问题有关。客户失去兴趣的原因很多，想想自己有没有这样的经历：你去逛商场想要买一件昂贵的物品，但在网上查了一周后改变了主意？所以客户失去兴趣有时是因为要优先考虑其他事情，有时只是因为货比三家，想要看看别家的情况。

其次，确保自己不偏离客户开发过程。仅仅因为路上有一个司机闯红灯并不意味着你也应该这样做。换句话说，不要不请自来地就给"玩失踪"的客户发电子邮件主动联系，或者为了再次引起他们的兴趣，突然告诉他们你会给他们折扣。

最后，给自己三次机会和客户重新建立联系。联系方式可以是电子邮件、电话留言、短信、与他们的经济顾问电话沟通、手写便条，等等。但是如果你三次都一无所获，那么就可以放弃这次机会了，因为三次以上还联系不上，你肯定会很绝望。而且，如果三次尝试之后他们都没有任何回应，那么第四次、第五次他们也很有可能不会做任何回应！

在最后一次沟通中，你应该写一封邮件或留一个便条，就上面的情况，你可以这样写：

亲爱的苏珊：

近来可好！我想确保你已经收到了我的上一封邮件，其中包含了我最近写的一篇文章的链接，这篇文章主要写的是领导力如何支持"终生客户"文化的发展。

在这一点上，我断定我们讨论的项目于您而言不再是最重要的了，或者您认为我们继续讨论不会有成效。无论如何，我都将会很高兴在未来某一天能再次与您就这个问题进行讨论。

愿一切都好！

安德鲁

留言之后，就可以着手新项目了。

将关键想法付诸行动

■ 想一下你正在开展的一次销售或业务发展会谈，对象是你的现有客户或潜在客户。回顾一下购买的五个先决条件，并将它们评级为 A、B 或 C。A＝完全满足，B＝有些满足，C＝不满足。你会采取什么措施来巩固评级为 B 或 C 的先决条件？

■ 你有没有感觉到某位客户就持有这四种基本反对意见中的一种（不需要、不着急、不信任、没有钱）？向他们提出一两个问题，探究他们反对背后的真实原因。

■ 找到一个当前客户或潜在客户正面临的一个迫切需要解决的问题。例如，重组、竞争威胁、变更首席执行官、战略转变等，这正是你的突破口。你的解决方案如何解决这个"购买催化剂"带来的需求？

chapter 8

第 7 周行动计划：
锁定客户的痛点问题，赢得客户信任

超强竞争压力系统正在到来……

你是否曾经有过与客户会面而客户心不在焉的经历？或许你注意到他目光游离，或是看到他拿起手机。还有，你是否曾约见某位高管，但他却没能挤出时间与你会面？

在这两种情况下，导致这种现象的问题是一样的：你没有足够的吸引力；你没有展示出你与客户议题中最主要的优先考虑事项有何关系。

如果水管工给你打电话，建议你们一起吃个午饭，以便更好地了解彼此，你会如何反应？如果你接到医生的来电，他要与你过去一起讨论最新的检查结果，你会如何反应？你会为谁腾出时间？

客户和我们一样，他们的日程上只会安排最优先考虑到的事情。

如果你想让你的客户视你为其发展和盈利中不可或缺的一部分，你必须证明自己所做的事情对他们的业务具有战略意义。你必须表现出积极主动的态度，去关注他们最重要的目标。你需要证明自己可以帮助他们有所预见，预测出未来对其业务的重要影响。

你真的了解客户的议题吗

每个客户的议程上都有三到五个公司优先考虑的事项或目标要关注，这些优先事项或目标很少会超过五个，因为排在四五个之后，它们的重要性逐渐降低。通常情况下，这个数量不会少于三个。

客户主管通常也有三到五个私人优先事项。了解这些事项很重要，因为如果你特别想要与客户建立起值得信赖的关系，你就需要对他们有全面的了解。你很可能会帮助他们解决一些个人兴趣或是个人需求上的问题。例如，我的一位客户想要进入公司董事会，我便对此给出了建议，并且介绍了几家专业董事会业务的顶级高管猎头公司给他。

工作的优先事项可能是要实施一个新的项目管理系统，或者是降低成本。对于高级业务主管来说，这可能是开拓一个新的市场，或者是战略性地招聘几个新人来增强其高层管理团队的实力。私人议程的优先事项可能包括晋升、建立关系网，或者帮助家人适应新城市的生活，这完全取决于这个人在公司里所处的级别。

经常有人问我，"我们身处一个竞争非常激烈的市场，怎么做才能更加有效地区别于竞争对手？"要做到这一点，最好的方法之一就是比任何竞争对手都要了解客户的优先事项、需求和目标。

我有一位客户，他是公司业绩最好的合伙人，每年都会带来数千万美元的收益——大部分收益来自他的现有客户。有一天我请他出去用餐，问他成功的秘诀是什么。他从西装口袋中掏出一张皱巴巴的小方纸。"安德鲁，你看到这张纸了吗？我在这上面印满了我所有重要高管客户的名字，在每个名字旁边我都记下了他们今年的一两个最重要的目标。我的工作就是帮助他们成功地实现这些目标。"他没有将自己定义为一位提供战略性方案的顾问，也没有定义为一个企业重组方面的专家；相反，他的核心任务只是帮助客户完成最重要的优先事项。

你有多了解你的客户

截至目前，你可能会在想，"我非常了解我的客户。我在议题设置这件事上做得还不错。"但这里请允许我来反驳你一下。我经常询问许多级别很高的客户关系经理和客户高管——例如合伙人、总经理、副总裁等，问他们对客户议题的了解有多深入。我问的问题是："能有多少客户，你可以说自己完全了解他们三到五个最重要的优先事项？又能有多少客户，你可以说自己完全了解他们的私人议题？"

对于他们最大的客户，也就是他们的关键客户，他们的答案通常是 50%（例如，他们完全了解自己一半客户的工作议题）和 20%（客户私人议题）。对于所有客户，平均而言，他们的答案通常是 20% 和 10%。我称这种情况为盲目行事。如果你不知道客户的议题，你就像一个没带雷达和地图的飞行员在盲目飞行。

你对你客户议题完全了解的比例又是多少呢？

这里的要点是，许多与客户打交道的职业人实际上对客户的议题了解甚少。他们可能知道议题属于自己的专业领域，但是不知道我在这里提及的视角更广的优先事项。

设定议题的三个阶段

要成为议题设定者，需要经历三个阶段。

第一阶段，要有所反应。客户打电话给你说："我们需要你帮助解决这个问题。"当这种情况发生时，那可太好了，但是如果这就是你获得所有业务的方式——等待客户给你打电话，那你其实是一个被动的、待聘的专家。此外，当客户决定了他们想做什么的时候，很有可能已经同你的几个竞争对手谈过了。

第二阶段，要去感知。通过使用各种技术手段，稍后我会简短谈论这些技术，你可以揭示客户的议题。这并不像听起来那么简单，别忘了，你愿意在一个不熟悉的人，甚至是刚刚认识的人面前完全展现自己吗？

通常辨识客户的真实议题是很困难的。当你在公司里的职位越高，这种情况就越明显。例如，我的一位客户，他是一个事业部的首席执行官，大家都看得到他在执行一个四步战略，但是他还有另一个非常重要的议题——建立他的直接汇报高管团队，而这不会出现在他的年度报告或是战略计划中。但是经过几次深入的交流，这个优先事项浮出了水面。当我证明我在这个方面有经验和想法可以帮助他时，他终于让我和他的高管们一起工作并接受指导了。

第三阶段，要去预测。懂得预测是顾问与待聘专家的区别。一位高管曾告诉我，"我信任的顾问总是会提前考虑两三步，他会为我带来自己的想法和见解，关乎发展趋势、最佳实践及竞争变化，这些可能在6个月、12个月或是18个月后影响我们的业务。"通过预测，你会成为议题设定者。你了解、告知并且最终形成影响客户的议题。

这是一个微妙的过程，很少有公司外部人员来到公司，揭示某个以前从未有人想过的东西，让领导层为之一振。可能性更大的是，你去慢慢地影响客户的想法。

例如，我的一位客户在推行销售团队行业专业化方面严重落后，因为他们的竞争者在此方面也同样落后，所以他们便觉得没有必要改变计划。但他们本身的行业发展缓慢，几乎无法展现出先进的管理实践。在多次的面谈中，我向他们展示了在其他行业，有多少龙头企业正在利用行业专业化来拉动收入大幅增长。结果，他们迅速采取行动，围绕所服务的关键行业加大销售专业化建设。

预测性议题设定也与开展工作有关。一个中型企业的客户曾经聘请我来帮助他们实施一个关键客户管理计划，我们在目标上达成了一致，但客户实现这一目标的许多想法和见解我并不认同。例如，突然间他们想将几百位客户作为关键客户，我与他们分享了一些其他客户的成功做法，以及一开始就将这么多客户作为关键客户的风险。经过几次讨论，我促使他们同意了开始先选 20 个客户进行试验，来测试和证实这个理念。

我还帮助他们预测一些他们没有考虑的问题。我提醒他们，有些客户没有被纳入这个项目，他们的客户关系经理会感觉受到了排挤，甚至会产生怨恨情绪。接着我提出了几种缓解这种反应的方法。此外，他们还想从制订的长达 35 页的客户计划开始入手，我告诉他们重点应该是讨论如何使计划有创意，一份简短的 5 页计划书足矣，而且还能得到更多员工的认可。

获得独家业务的关键

议题设定从概念来看很简单，但是执行好却很难。首先，你必须真正了解可能影响客户业务的外部因素以及内部组织动态；其次，你必须深入了解客户的未来计划周期。图 8–1 就说明了这一点。

如果你等着客户打电话给你，告诉你他们明确的需求，你会发现自己处于右下角，在那里你的状态是"对议题被动的反应"。

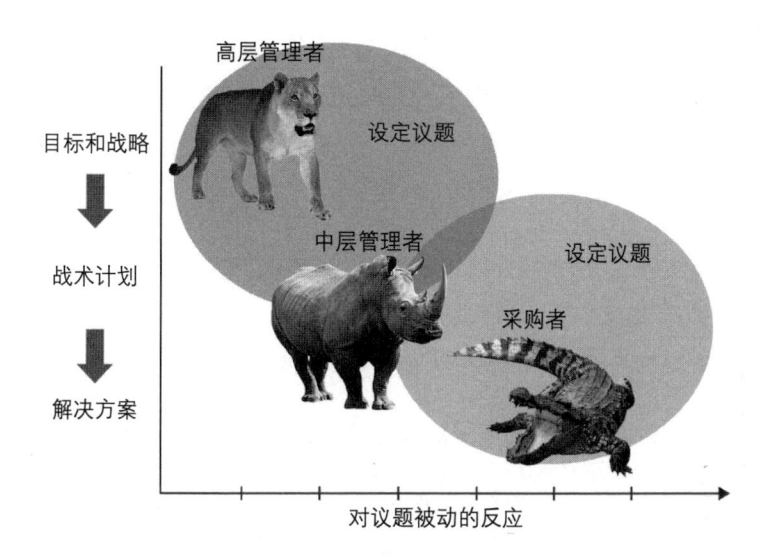

第 7 周行动计划：锁定客户的痛点问题，赢得客户信任　123

图 8-1　从策划到行动的时间

在图 8-1 中，采购者——被设想成一只饥饿的短吻鳄，它将会愤怒地反击，咬你的脚踝。客户很有可能会要求多个供应商提供解决方案，重新界定这个问题的机会也会少之又少。此时，客户的头脑里已经有了界定明确的问题，而你要么接受，要么放弃。

我希望你所处的位置是左上角。在这里，你是在讨论客户的未来计划和优先事项。通过发表深刻的见解、提供最佳实践、分析发展趋势等形式，你会为他们带来有价值的思想领导力。与客户一起界定他们的需求，你将有绝佳机会赢得独家业务。

不要陈词滥调

我最近采访了一位高管，她向我抱怨说客户如何不去了解她的议题。她告诉我："我已经听腻了'是什么让你夜不能寐'——这是一个不动脑的问题。还有一个常问的问题是'成功是什么样子的'。这类问题销售人员已经问了 30 年。我采用了'你最重要的三件优先事项是什么'的询问方法。他们会做笔记，然后说，'我们可以帮你完成第二件事。'"

你应该给人留下的印象是，你是一个足智多谋、可以献计献策的业务顾问，而不是一个在寻求快速销售的销售员。

我发现五种不同的方法能够有效地感知客户的议题。第一种方法是需要准备，尽管我在第 3 周告诫过你不要过度准备。正如一位高管告诉我的那样，"你需要表现出你很了解我们的战略框架，并且知道对于我们公司来说什么是重要的"。记住——你只需要几个趣事来吸引你的客户。我的一位客户是这方面的行家，他是高管薪资方面的专家，在潜在客户的年度报表中，他经常会找到一些线索来构思尖锐的问题。他会告诉客户一些事情，例如，"我发现你在处理递延薪酬时有点不同寻常"。然后，他会继续解释他的其他客户是如何处理

降低与客户会面的门槛

一位著名的银行家曾对我说过："如果我要等到有了好点子才去见客户，那么我一年只会离开办公室一回。"他的意思是，你不需要准备好了一个绝妙的新点子或一份精致的 PPT 演示文稿才去和客户喝咖啡，去谈论客户在做的事。不要增加与现有客户和潜在客户会面的难度。降低门槛，可以和客户简短会面。你接触的客户越多，就有更多的机会去发掘一个困扰客户的重要问题，你也会更加了解市场上正在发生的事情。

递延薪酬的,并补充道:"我很好奇,你是怎么做出这个决定的?"

第二种方法是单刀直入地提问,这种方法你必须谨慎使用。比如,"今年贵公司的首要任务是什么?"根据我的经验,客户的职位越高,这个问题的作用越小。高管也许不会想要马上对你敞开心扉,他们可能认为你应该已经对其公司的情况比较了解了。尝试一下这个方法,但你要注意这也许不是最新、最吸引人的策略。有的时候,我会从个人角度问这个问题,我会问他们:"在您进行的各种项目中,哪些项目您个人想更多参与?"

第三种方法是进行暗示性提问。例如,我最近与一位潜在客户会面,他们的新战略大家都知晓。我当时是和首席学习官(CLO)会谈,我的开场白是,"我知道贵公司的新战略旨在将大型企业细分市场重新定位,这会对您学习和发展的优先事项产生什么样的影响?您的员工需要培养哪些新技能来促进这种转变?"同样,你也可以问一些有关外部趋势变化或是竞争变化的暗示性问题。通过提出这些精心设计的间接问题,你树立起了自己的信誉,并且由此引导客户说出议题。

第四种方法我称之为情感或私人问题,我会在第10周详细讲述。这些问题会触及客户的梦想和抱负,担忧和不安。"展望未来的两三年,你对这个业务有什么样的期望?"这样的问题会比干巴巴地去问"你最重要的三个优先事项是什么"更令人感兴趣。

最后一个方法就是简单地问一下,"我很好奇,到了年底公司会如何评价您的个人业绩?公司要求您完成的关键目标是什么?"如果有必要,我会补充道,"所有的客户我都会问到这个问题,我发现对客户的目标越了解，我越能帮上忙。"

设定议题是如何发挥作用的

我的一位客户想要与一家大型零售银行建立关系。通过一个在银行工作的熟人，我的客户被引荐给这家私人银行的部门负责人。我的客户认为该银行将要错过一个将青年专业人士培养为客户的重要机会。因此，他们调查了自己公司的新生代员工，以便深入了解他们对储蓄和资金管理所持的态度。当我的客户与这家私人银行的首席执行官会面时，便分享了他们的研究成果，并且就该银行的首席执行官可以怎样着手抓住这个不断增长的细分市场，给出了一些初步建议。这位首席执行官为我客户的准备工作和洞察力所折服。由此，我的客户获得了一个主要的独家业务，帮助该银行制定和实施新的"青年专业人士"战略。

虽然此类议题设定似乎可望而不可即，但这确实证实了预测客户需求的作用。其实，和客户一起设定议题，有许多虽然很小但非常有影响力的事情可以做。

设定议题的四个策略

第一个策略是定期安排与所有老客户进行交流。交流可以这样定位："与我们最优质的客户定期会面，从日常的工作中摆脱出来，围绕合作的大局进行探讨。这样我们就有机会与您分享我们的最新想法，讲述我们参与的其他客户的最佳实践，并且谈谈我们对贵公司内部存在的改进机会的看法。同时，这对你们来说也是一个机会，可以同我们分享贵公司发展计划和优先事项，以及任何可能会影响到我们工作的企业项目。"

第二个设定议题的策略是定期分享自己的各种见解，可以是关于客户的业务、客户要应对的挑战、面临的主要发展趋势，等等。这很简单，就像谈谈你的其他客户是如何解决同样问题的。

第三个很奏效的策略我称之为"深度潜水"。针对客户所面临的重要问题，主动提出为其召开工作会议提供便利。这可以是在午餐时间，甚至是个为期半天的研讨会。如果你在一家大公司供职，那就带上其他的专业同事。我采访过的一位高管将此称之为与其合作的主要供应商的"入场券"。他解释道："有一年，我们十分关注公司的资产利用情况。这家公司则举办了一场为期一天的研讨会，讨论提高资产生产效率的策略。他们带来了一组公司里的专家，我们则派出了一个参与该领域内部项目的团队。"结果呢？该公司迅速成为其所在专业领域的首选供应商。

最后一个策略是，如果你在一家大公司供职，有计划地从其他负责与客户打交道的同事和团队成员那里收集信息。他们看到了什么？又听到了什么？在一次我所主持的小组讨论中，一位客户主管强调了这一策略的价值，他对参会人员说："你们是我公司的主要供应商，你们对我们运营情况的了解和我们合作的大多数外部供应商一样多，甚至更多。告诉我你们了解到了什么，给我一些改进业务的建议。"

忽略障碍

会有许多因素阻止你与客户设定议题。不要让它们得逞！你会发现，与客户的大部分会谈都是在围绕运营执行、产品交付和服务提供这类问题，并且很难挤出时间从全局视角思考议题设定。在一些情况下，你会觉得客户的资历太低，并不适合探讨议题设定。而在其他时候，你又认为自己无法参与更高级别的客户业务探讨，继而裹足不前。这些障碍大多是可管控的，突破它们——你可以出色地为客户进行预测性议题设定。

将关键想法付诸行动

1. 选择三个最重要的客户。你对自己重要联系人的工作、私人议题有多了解？你能做些什么来填补知识空白呢？
2. 想一个即将进行的客户会面。你如何做才能将其变为一个关于议题设定的会谈？具体来说：

- 与典型的运营升级相比，你如何才能对客户的未来计划和优先事项进行更深入的探讨？
- 你能在会谈中介绍什么新想法或新观点？
- 为了深入了解客户议题，你能提出什么问题？
- 如何更直接地将你的工作与客户最重要的战略或运营目标联系起来？

chapter 9

第 8 周行动计划：拆解真正的问题，而不是"解决"想象中的问题

某知名科技公司请我帮助转变他们的客户服务经理，使他们成为态度积极、值得信赖的公司客户顾问。作为开展工作的一小步，我们先组织了为期一天的工作坊，大家共同探讨如何成为可信赖的顾问。然而，这一天结束时，我知道今天的工作被误导了。

我需要重构问题，重新制定解决方案。

我是怎样做的

事实证明，科技公司的软件存在一些明显的小故障。他们的销售团队向客户兜售公司软件时承诺，使用软件后客户业务会大幅度改善，但系统安装了软件之后，客户投诉不断。许多签订了多年合同的客户开始不满和愤怒。我还了解到，客户服务经理的技能和经验水平差异很大，需要的培训类型也非常不同。此外，他们的客户有完全不同的需求。实际上，他们最小的客户根本不需要高技能的"可信赖顾问"，这些客户所需要的只是一个他们偶尔有疑问打电话来可以答疑的人。

说实话，我在与客户公司首席执行官的初次会谈中就探究了其中大多数问题，但她对这些问题置若罔闻。她坚持自己的想法：培训大量可信赖的顾问，为每位客户服务。

在随后与首席执行官的会谈中，我告诉她我们需要调整计划目标，重点不应放在每个客户服务经理都成为其客户的可信赖的顾问，而是应该根据每个客户的需求和期望提供有针对性的服务和支持，进而建立长期的客户忠诚度。然后，我建议从企业全局视角看面临的挑战，这样就需要采取一系列新的行动：首先，软件问题必须解决。然后，只有在软件问题解决之后才能对客户服务经理进行培训，否则他们会有挫败感，客户也会怀疑他们不真诚。其次，我建议创建三层客户服务经理制度，客户服务经理根据不同能力水平，分别服务三个不同层次的客户群——小企业客户、中型企业客户和大型关键企业客户。这一方案适用于所有客户服务经理。

通过从企业全局视角重构问题，通过对客户的观点提出质疑，该计划做了巨大调整，从一个单纯的培训计划演变为一种整体战略，开发一套全面的客户开发和管理新方法。

综合界定问题

问题重构是确定真正问题、全部问题和全部解决方案的艺术和科学。伟大的物理学家爱因斯坦提道："如果我只有一个小时来拯救世界，我将花 55 分钟确定问题，而仅用剩下的 5 分钟找到解决方案。"

问题重构这一技能作用强大，但很少有人掌握。令人欣慰的是，人们可以通过练习和学习获得这项技能。

出于多种不同原因，高管们对问题的界定通常会比较狭隘，这可能是由于客户在一个部门（如人力资源部、信息技术部、财务部等）工作，与公司其他部门没有联系，没有从公司全局视角看待问题。有时，客户缺乏解决问题的经验，可能会把问题的表象混淆为根本原因和/或低估解决问题的实际成本。

问题重构可能会让客户有胁迫感。当高管意识到，安装新的信息技术系统虽然相对容易，但如果不能相应地就提高员工技能、改善员工工作表现、重新设计工作流程等事项做出重大变革，实际上就不能解决问题，这会令其很不高兴。

因此，当你尝试重构问题时经常会遇到阻力。试想：如果你决定在房间中再建一个卫生间，但承包商告诉你，你还需要升级整个管道系统，这样新卫生间才能正常使用，你有何感受？你可能明白承包商的建议是合理的，但是这要比你计划的开销多一倍，你可能就不高兴了。

问题重构三原则

以下三个原则可以帮助客户安心接受你的问题重构。

1. **客户必须觉得是他们完成的重构**。你不能将新问题强加给他们，你必须与他们一起重构问题，并让他们接受新问题。这意味着要耐心地与客户合作，从细节上确定问题，并找出解决方案。

2. **你的客户必须对重构产生情感上的联系，只从知识层面上理解是不够的**。古谚说得好，"用事实说话，以情感征服"。如果客户需要扩大或改变项目范围，除非理性和感性两个层面都接受，否则他们不会真正接受该项目。去迎合客户的右脑，也就是他们的梦想、志向、对美好事物的渴望，等等。向客户展示重构可以如何帮助他们获得个人成功，阐明为什么你的方法可以降低他们的风险。

3. **必须将你的客户纳入重构当中**。例如，重构可能会改变公司的权力平衡，你必须向与你合作的高管展示，重构会帮助他们实现目标和利益，他们需要了解他们如何参与到重构当中，以及在什么地方参与进来。

接下来，我将与你探讨两种类型的重构，我称它们为渐进式重构和激进式重构。

使用指南针方法进行渐进式重构

渐进式重构是指一小步一小步地增进客户对问题的理解，而不是跨越式的增进。

例如，我的一位客户经常遇到产品质量问题，他们多次尝试改进制造工艺，但还是无法达到他们想要的稳定质量。我推荐的一位顾问发现，上游产品设计和下游客户产品使用都存在问题，而这些问题都需要解决。这位顾问通过关注与问题相关的相邻职能部门，帮助客户扩展了对问题的定义，从而提高了产品质量水平。

如图 9-1 所示，四个主要方向可以探索渐进式重构，我们逐一分析一下这四个方向，可以把它们比喻成指南针上的四个方向：北、南、东、西。

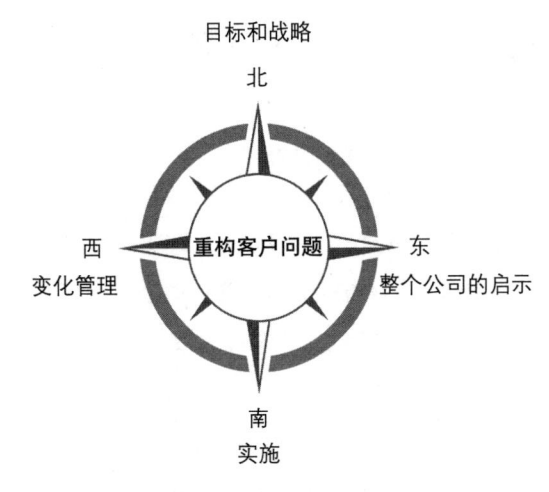

图 9-1　重构客户问题

北：重构问题，制定解决方案

当你重构上游问题并制定解决方案时，你可以根据公司的总体目标和战略来制定所需的解决方案。这样，重构就极为重要。你可以提出以下问题：

- 目前，重构支持哪些关键的战略性优先事项？
- 如果您想让其他人清晰地看出该计划与您公司最重要的全局战略相吻合，是否有些事情要改变或以不同的方式来做？
- 您能告诉我更多关于这个项目的背景吗？您为什么现在决定做这个项目？

当你重构问题、制定解决方案时，这并不意味着你一定要完善解决方案。相反，明确地将你的解决方案与公司更高层次目标联系起来，这个问题就可能比看起来更容易解决。这样做会使客户更容易接受新的视角，更愿意在解决这个问题上进行投资。

南：重构问题，加以实施

1962 年，罗斯·佩罗（Ross Perot）是 IBM 公司一名年轻的销售员，他认为 IBM 的客户在购买 IBM 大型机使用和管理方面需要更多帮助。于是，佩罗向他的老板建议帮助客户更专业地使用 IBM 硬件，而且该业务前景大好，但老板告诉他不要想这件事，还是专心卖电脑。因此，佩罗从 IBM 辞职并创立了电子数据系统公司（EDS）。电子数据系统公司发展成为一家市值达数十亿美元的公司，并开创了计算机设施管理和 IT 外包服务的先河。当电子数据系统公

第 8 周行动计划：拆解真正的问题，而不是"解决"想象中的问题

司以 25 亿美元出售给通用汽车时，佩罗成为亿万富翁。后来，惠普公司在 2008 年以 139 亿美元的高价收购了该公司。

公司高管需要迅速将提议的解决方案转化为业务价值。因此，在具有实施条件的情况下打造产品或服务会带来巨额收益，佩罗的案例就是如此，他基于这个理念创立了一家公司。你可以通过提出以下类似问题深入探讨实施方案需注意的事项：

- 实施这一方案会遇到哪些挑战？
- 过去，您做了什么工作可以确保适合使用和实施类似的解决方案？
- 依您之见，方案实施存在哪些风险？如何降低这些风险？

东：公司全局重构

前两个重构向量是在上游制定解决方案和在下游实施解决方案。我将第三个向量称为公司全局重构。

管理结构复杂的组织，其内部相互依赖程度非常高，但中层管理者通常各司其职，他们的观点往往局限于其所负责的部门，他们的薪酬也只对应他们所负责领域的业绩。任何改进方案通常都会产生连锁反应，波及其他职能部门和业务部门的利益。

例如，我的一位客户以高额成本实施了新的客户关系管理（CRM）系统，但该系统的高效运作需要各部门相互协作来收集和更新数据。新的客户关系管理系统必须与其他系统无缝衔接。然而，在共享信息方面存在文化障碍，这些障碍必须克服。我的客户

又花了一年时间才使客户关系管理系统正常运行，因为他们没有将客户关系管理系统视为全企业的问题，而仅仅视为销售部门和 IT 部门的问题。正如过去的医生都是手写病例，现在做非常详细的云病例，医疗保健行业也面临着类似的挑战。

为了让企业内部相互依赖的关系浮出水面，关于解决方案或产品会与其他职能部门和业务部门如何相互影响，你必须提出许多问题。你的解决方案或产品与能否满足其他功能部门和业务部门的需要。你可以先从简单的问题开始，如"这个解决方案会影响贵公司的哪些部门"或"在全公司范围实施这个解决方案会面临哪些挑战"。

西：围绕变更管理进行重构

前三个策略侧重从更广的视角探讨重构，谈及了公司上游、下游和公司各部门之间的关系。第四个策略认为，对于重大的新介入或解决方案，需要从全程或变革管理的视角考虑，这是另外一个可以和客户一起探讨的领域，它会告诉你工作涉及的范围，可能还会扩大你的工作范围。（至少）有五个主要方面需要考虑。

1. **利益相关者的协调和管理**。哪些主要利益相关者既与你在同一个部门工作，同时又在公司其他部门任职？应该如何与这个群体沟通？如何管理这个群体？你如何确保他们会一直支持你？
2. **技术和系统**。这是一个极其重要和复杂的领域——许多公司每年仅在信息技术上的投资就超过 10 亿美元。你可能对该领域知之甚少，但你应该了解一些基本知识，以确保你的客户系统将支持你的解决方案，而不是阻碍你的工作。

3. **管理流程**。管理流程包括决策协议、支持系统以及与你工作领域相关的职责。首先，你需要了解谁将负责方案实施，他们将如何监测和评估方案进展？假设你有一个解决方案可以帮助公司获取有关客户购买习惯的新数据，谁可以获取这些信息？他们如何将这些信息纳入有关客户管理和新产品开发的决策中？这将如何影响管理者的职责？

4. **人员和技能**。这是领导者的主要关注点之一，但并不总是中层管理人员关注的问题，他们更关注个人贡献，而不是公司员工的培养。你应该问这样的问题：我们的工作对您现在和将来需要的人员和技能有什么影响？

5. **组织结构**。组织结构代表你客户的组织架构。你可能问这样的问题：您觉得目前贵公司的组织结构对这样的计划支持程度如何？为了最大限度地提高这项投资的回报，您将来可能会考虑对组织结构进行哪些调整？另一方面，许多公司认为重组将解决许多弊病。我有一些客户，他们每 18 个月就会调整一次组织结构，以这种方式不断地寻求解决问题的办法，但调整组织结构并不能解决这些问题，这些问题需要其他方式才能解决。

简而言之，每当客户向你提出问题时，你应该仔细研究指南针的这四个方向：

■ 该计划如何才能最好地配合和支持该战略？
■ 是否已全面分析了计划实施影响并做了相应计划？

- 你的工作对全公司有什么影响？
- 需要指导和引导哪些变革管理维度才能确保成功？

激进式重构策略

指南针方法旨在确定你参与范围的渐进式变化，这些变化会帮助你拓展与客户的合作范围。

还有就是我称之为激进式重构的策略，这也是一种选择。与指南针方法相比，你可能不会经常使用这些方法，但它们可能作用非常强大。有五种原则性技巧可以帮助你实现潜在的激进式重构。

突出对立面

当我在一个国家担任双子座咨询公司（Gemini Consulting）首席执行官时，我们一位最高级别的欧洲业务开发人员会见了一家大型电信公司的高管，那是在 20 世纪 90 年代初期，当时"重构"风靡一时。这位高管彬彬有礼，但坚定地告诉他："我们已经确定了重构计划，我们将与您的一个竞争对手合作。"

我的同事没有说话。他看了看窗外，然后又看了看客户，他轻声说："我们过去做重构项目。"

客户大为震惊，甚至有点生气。"你是什么意思？'过去做？'你在说什么？"

突然间，这位高管全神贯注于他们之间的会谈。我的同事解释说，我们开发了一种新方法，将技术、业务流程和人员技能方面的变化整合在一起，会实现比单独进行重构更多的益处。一瞬间，他的认知发生了变化。他们准备启动的重构计划在启动之前突然显得老态龙钟。最终结果如何？三个月后，我们公司赢得了一个为期数年、价值 3000 万美元的项目。

我的同事将"新"重构为"旧"，通过突出反面来重构。你也可以使用这种方法，说"我们过去就这样做"。

突出对立面的其他示例可能包括：

- 告诉想要降价的客户，他实际上应该提高价格；
- 告诉想要聘请你做项目的客户，他们实际上应该自己做那个项目——但他们应该考虑聘请你做完全不同的工作；
- 向想要扩大公司规模的客户建议，他们实际上应该缩小规模或出售该公司。

重新排列优先事项

有时，客户会弄错事情的优先顺序，你的工作是说服他们重新排列他们的优先事项并转移他们的工作重心。怎么才能做到这一点呢？我总是带客户回顾他们的基本目标，回顾他们想要完成什么，分析实现目标最快的途径是什么，考虑到这些目标，需要优先做哪些事情。

例如，我有一位客户，由于缺乏创新，加之全球竞争加剧，他们的利润率持续下降。于是，他们想启动一个文化变革计划，以帮助他们恢复利润增长。这个计划为期九个月，将由一家外部专业公司主导完成。我让他们列出导致其盈利能力下降的所有因素，这些因素包括财务管理不善、操作流程过时和产品陈旧。我指出，他们唯一的优先事项应该是修复"严格的"系统，这些系统会立即增强个人对结果的责任感。我坚持认为，这反过来会刺激文化变革。他们的出发点就错了，还把错误的出发点放在了优先位置。

对假设提出质疑

总有一些假设支撑客户的要求，但这些假设有时候是错误的。几年前，我工作的团队向一个南美洲国家政府提供咨询服务，这项工作由世界银行赞助，我的团队受命审查该国的铜矿开采行业（这项工作与我今天的工作相差甚远，但这是任务）。这些计划看起来都很棒，从事铜矿开采的公司和铜矿冶炼的公司虽然亏损了很多，却臆断将在短短几年内获得高额利润。公司希望我们帮助他们制订一项扩张计划，其中包括购买更多的铜矿和扩建基础设施。

毫不奇怪，他们计划中的一切都取决于一个重要假设：铜的价格。我们的团队质疑他们的价格预测，但我们并没有提出强烈质疑。然而，负责我公司整个项目的顾问——一位才华横溢的西班牙人，同时也是一名商学院教授——却不同意我们的做法。我不得不坐在一个闷热的小会议室里，参加他主持的长达七小时的马拉松式审查会议。他推翻了我们的工作计划，证明价格预测是不切实际的。教授的猛攻让我备感压力，我记得离开房间时，我的衬衫都已

第8周行动计划：拆解真正的问题，而不是"解决"想象中的问题

被汗水浸透。不过，他是对的。

这些公司想扩大规模，但实际上正确的做法是重组整个行业，大幅降低成本，因为在未来三年，铜价可能下跌而不是上涨。

你必须问你的客户：您的计划依据的主要假设是什么？然后，你必须策略性地使他们一起参与讨论他们的假设，在假设存在问题的地方提出质疑。结果可能是你确定的解决方案与最初提出的解决方案截然不同。

找出问题的根源

丰田佐吉（Sakichi Toyoda）是日本丰田工业集团的创始人，该集团后来开辟了丰田汽车制造业务。丰田佐吉告诉他的工程师，如果他们问五次"为什么"，他们就会发现任何质量问题的根本原因——通常还有解决方案（比如，为什么门上的漆有划痕？因为喷漆设备不能不正常工作；

在重构客户的问题上，你的态度应该有多坚决

乡村音乐歌星肯尼·罗杰斯（Kenny Rogers）在他的第一首热门单曲《赌徒》（the Gambler）中唱道："你要知道何时抓住他们，知道何时放手。"那么，你应该有多坚决？

有时，客户只是对你说："您的观点有一定道理，但是我们现在想要这样做。"最好的结果是，通过你对问题的仔细分析，客户开始意识到需要从更大的范围解决问题。如果客户没有意识到这一点，就分享另一位客户的例子，用这个例子展示从更广的视角解决问题的价值和重要性，这会很有帮助。最后，你必须愿意接受客户的出发点，除非这样做会严重危及他们的成功并有损你的声誉。

为什么喷漆设备不能不正常工作？因为软件出错了。为什么软件会出错？等等）。因此，找出客户问题的根本原因是重新界定解决方案的一个好方法。

大公司反复重组表明问题的根本原因没有找到。我有一位客户想要彻底重组公司的组织结构，该公司首席执行官告诉我，公司已经不能正常运作，决策速度太慢。几次访谈后，我意识到公司的现有组织结构没有任何问题，问题出在首席运营官身上。他的能力水平与其职位严重不匹配，几乎成为每一个重要决定的瓶颈，极度缺乏领导力，而且不知道如何分派工作。我告诉客户，首席运营官应该调离岗位，他同意了。事实证明，只这一个措施就释放了公司活力，无须对整个组织进行重构。该公司的根本问题不是组织结构过时，而是一个缺乏领导力的领导把工作搞砸了。

揭露客户观点的不一致

改变某人观点的最好方法之一是揭露对方观点的不一致。例如，我受邀为一家公司做一些工作，该公司的使命和价值观详细地谈到要始终以"以客户为中心"和"客户至上"。他们还强调了发挥"每位员工的全部潜力"的重要性。然而，我很快发现，在实践中他们二者都没做到。一位要求非常苛刻、持不同观点的股东一直迫使他们缩减对业务的投资，并强调短期获利而不是对人员和客户关系进行长期投资。当我向他们指出这一点时，他们很震惊，但很快表现出防御态度。然而，随着时间的推移，我的建议受到重视，他们开始重新分配预算，将更多的预算用于人员发展。

第 8 周行动计划：拆解真正的问题，而不是"解决"想象中的问题

重构的两个工具

深思熟虑的问题能探究客户存在的问题，是你帮助他们重构最有效的工具之一。一个非常简单的开场白可能是："为了使该计划成功实施，贵公司还有哪些工作需要按部就班地开展？"再比如：

- 探究更高的业务目标；
- 分析对不同部门和全公司的影响；
- 对客户对问题的界定提出质疑；
- 询问战略的协调情况和计划成功实施的要求；
- 探究基本假设；

....

第二个强有力的工具是比喻。比喻是一种修辞手法，可以阐明其他事物。例如，我有一位客户致力赢得海量小客户，但公司始终无法壮大。我与他分享了一个比喻："母狮不能仅靠吃老鼠为生，因为你抓不到足够的老鼠来保持健康状态！"他瞬间醒悟。

1939 年，富兰克林·D. 罗斯福总统对美国帮助英国抵御纳粹德国的必要性进行了有效重构。当时，美国国会是孤立主义者，不想卷入日益加剧的欧洲冲突。然而，纳粹德国元首阿道夫·希特勒（Adolf Hitler）开始集结军队围攻英国，英国人迫切需要美国的帮助。罗斯福面临的一个主要障碍是：第一次世界大战后，国会通过了一系列法律，限制向外国政府出售军备。

新闻发布会上，罗斯福在谈到需要帮助英国人时说："如果你邻居的房子着火了，你会不会把你花园的水管借给他们来灭火？"所有

人都明白他在说什么。这个比喻立即使公众意识到帮助英国"邻居"的必要性。罗斯福随后让国会接受了租借计划，该计划规避了法律限制，并在帮助英国抵御德军"闪电战"的空袭方面发挥了重要作用。

一个人的视野会受其所在位置的限制。公司经理通常会从其自身特定角度界定问题——但这可能会导致困难被低估。你的工作是确保找出真正的问题，并寻求最佳、影响最大的解决方案。

将关键想法付诸实践

1. 想想你现在与客户进行的业务发展讨论。用"指南针"方法确定机会，重构客户告诉你的他们存在的问题：

- 北：提出战略；
- 南：实施战略；
- 东：对全公司的影响；
- 西：改变管理方式。

2. 对于同一个问题或你正在与另一位客户讨论的问题，你能想出机会采取更激进的方式重构问题吗？例如：

- 突出对立面；
- 重新排列优先事项；
- 对假设提出质疑；
- 找出问题的根源；
- 揭露客户观点的不一致。

chapter 10

第 9 周行动计划：牢记这八个重要问题，就能让你和客户的关系更加紧密

我担任顾问的一家律师事务所有一个长期合作的客户，该客户是世界上最大的公司之一。每年，律师事务所的董事长都会询问负责这一客户的合伙人状况如何。"很好，我们的关系非常好。"合伙人通常这样告诉董事长。毕竟，这家公司几十年来一直是该律师事务所的客户。

但是，一些并不乐观的事情正在发生：律师事务所每年从该客户那里实现的收入一直在减少。虽然这是一家提供全方位服务的全球性律师事务所，但他们与该客户的业务已减少到只有几笔交易。结果，他们不再处于法律总顾问的考虑范围内——他们对客户来说不再具有战略意义。

是的，每年年底，该客户仍出现在"老客户"一栏，负责这位客户的合伙人自然也有一点功劳，但两家公司的关系已大不如前。

新客户是需要拓展的领域。如果你不以某种方式发展客户关系，那么你很可能会退回到可有可无的状态。如果你不扩大自己的业务和影响力，那么你实际上正在失去对方的关注。

换句话说，如果你不是专业领域内客户最重要的两三名顾问或供应商之一——或者并未即将成为其中之一，那么你可能会变得越来越无关紧要。你是需要"管理"的供应商，当形势艰难时，会被优先舍弃。

接下来，我将与你分享一个 10 分钟的计划，该计划将帮助你发展客户关系。10 分钟？真的吗？是真的，因为我使用的八个问题框架实际上可以在短短 10 分钟之内完成。不过，通常情况下，我建议你花几个小时去研究它们。另一方面，我做了与客户异地研讨的计划，我们花了三天时间为一个大客户解决这些相同的问题！这些问题就像手风琴一样，你可以根据自己的需要和时间限制来延长或缩短分配给它们的时间。

专注的力量

为什么有些客户关系越发紧密，而另一些则日渐疏远呢？了解答案非常重要，因为客户发展会促进企业发展。我多年来一直在研究这个问题，并且与B2B（企业对企业）领域的100多家龙头公司合作，以应对关系发展所带来的挑战。

简单的回答是，从整体上看，有两个关键的发展驱动力：潜力和专注。要最大化发挥潜力主要是要选择适合你的客户。在本书第1周中，我列出了筛选客户的三个标准：战略匹配、关系匹配和潜在影响。简而言之，如果你选择了合适的客户，业务发展就能变得更容易。

在这里，我将着重第二个驱动力——专注。如果你选择了合适的客户，专注则会带来业务发展。

首先，专注意味着以客户为中心。一些公司将重心放在公司内部，忘记了自己创业的初衷。正如杰出的管理学大师彼得·德鲁克（Peter Drucker）所说："企业的目的是挖掘并留住客户。"

我曾受邀为一家业务不再增长的大型专业服务公司做咨询。我做的第一件事就是要求查看他们职位排名前十的高管时间安排表，我想了解他们每个月实际在客户身上花费的时间，无论是计费的还是不计费的。结果是，用于客户身上的时间平均为1%，或者说每位高管用于客户身上的时间每月约两个小时。我列席了执行委员会的会议，注意到他们不停地谈论内部政策，很少谈论客户。在其中一次会议中，首席执行官的助理拿着一张粉色的留言条走了进来——这是客户打来的电话。当时首席执行官并没有理会，而是告诉助理让客户留言。就在那一刻，我明确地知道，他们迷失了方向。我告诉他们，他们既需要提高客户开发能力，同时还需要建立新的文化行为和价值观。

其次，专注还意味着让你最有潜力的人际关系成为你关注的焦点，这也是为何许多公司细分客户群并为最有发展前景的客户提供差异化服务的原因。作为个人消费者，你可能会喜欢作为"黄金级"客户或某些类似名头所带来的额外好处。顺便说一下，不幸的是，航空业将这一做法推到了荒谬的极端。我现在乘坐的一家航空公司将乘客分为九个不同级别，而且还有隆重的登机流程与之相匹配——这些华而不实的做法不过徒有其表罢了。

对于大型组织而言，保持专注的最佳机制之一是设立关键客户账户管理项目，这些项目运行的结果数据非常鼓舞人心。我通常会看到运行良好的关键客户项目实现的年增长率，是未设立该项目的客户实现的年增长率的两到三倍。换句话说，如果一家公司的普通客户增长率为每年5%，那么我经常会看到关键客户每年以10%或15%的速度增长。

你可能会问："但是，当你将最重要的客户纳入该项目时，这难道不就自然实现了吗？"事实并非如此。这些关键客户项目不是让客户产生幻觉或起到安慰剂作用那么简单（例如，告诉客户他们是关键客户，然后即使没做任何改变，他们也会给你带来更多业务）。我的一些客户已经对此进行了跟踪。结果显示，通常，当关键客户获得更多关注和关键客户项目资源时，多年没有增长的客户业务量会像火箭一样突然迅速上升。

最后，专注应进行定向投资来发展客户。我与几个客户一起为他们最有发展前景的客户开发了正式的投资项目。每年都会邀请主要客户经理或客户合作伙伴为其客户设计投资项目。该计划详细说明了发展这种关系的活动及所需预算。

观点认可度决定客户带来的收益多少

如果潜力和专注是客户关系发展的关键基础，那么获得"客户对你观点的高认可度"是一个至关重要的辅助策略，你应该欣然接受。当客户认同你的观点时，你的思想领导力影响着客户的议题安排，你所增加的价值超越了你所提供的服务或出售的产品。如果客户对你的观点认可度低，在你公司的支出少，那么你就是客户的一个小客户，他们不太可能对你有很高的忠诚度。

如果客户在你公司支出少，那么你就无法通过"交叉销售"来增加收益。交叉销售通常是指出现在客户面前，向他们推销你提供的其他服务。相反，你可以通过定期了解客户面临的问题并提供可能的解决方案来增值。如果你为一家公司服务，这还意味着可以介绍专家同事与客户一起发掘新的合作领域。当客户对你的观点认可度高，在你公司付费金额和意愿也高时，你将处于非常有利的位置。

八个重要问题

对于每个重要客户，你需要回答八个问题，将之视为一个过程，而不是一次性的练习。为了正确回答这些问题，你可能需要花一些时间自己思考，并与客户交谈以获取所需信息。

问题1：当前你在该客户心目中处于什么位置

首先，评估你与该客户的关系。我将为你提供两种方法来做到这一点：一种是临时应急的，另一种是全面的。要为此步骤做好准备，你应该打印出你对该客户的销售额，其他资金往来以及合同/项目历史记录，还要绘制组织结构图并圈出主要关系。

临时应急的方法是对每个客户（是客户，而不是个人主管）进行A、B、C分级。这听起来或许像我在第3周中建议的细分框架，但那个是针对客户和潜在客户的责任计划——一个业务开发分类，这个与之不同。

A级客户是你最重要的客户，无论是当前的大客户还是发展潜力很大的小客户。所有A级客户都将通过第1周中提到的三个筛选标准：战略匹配、关系匹配和潜在影响。

B级客户是合作愉快、关系稳定并带来主要收益的客户。你们的关系很好，一切进展顺利。B级客户可能更将你视为"稳定的供应商"（可信赖的专家），而不是可信赖的顾问。

C级客户尚不明确。C级客户可能是经济价值不确定的小客户，也可能是大客户，但他们像对待卖家一样对待你，总在费用方面给你施加压力，并且似乎不想与你建立可信赖的关系。

评估与任意客户的关系，更全面的方法是评定良好关系的每个特征。表10–1列出了良好客户关系的七个基本特质，用此表中的各

第 9 周行动计划：牢记这八个重要问题，就能让你和客户的关系更加紧密

项来对你的客户关系进行分级，你可能会发现它揭示了一些需要你注意的不足之处。

总体而言，你如何总结这种关系状态？客户是否将你视为：

- 待聘专家／卖家；
- 可信赖的顾问；
- 可信赖的合作伙伴（当你在客户公司中建立了多种值得信任的顾问关系，而且他们从你的公司购买了多种服务或产品时，他们会这样看待你）。

表 10-1　　　　良好客户关系的七个特征

	从不　　　总是
1. **信任**。我们彼此高度信任，这让我们工作时不必拘谨，无须频繁检查或微观管理	1　2　3　4　5
2. **价值**。客户认为与我们的合作附加值特别高	1　2　3　4　5
3. **尊重**。客户仔细聆听我们的想法，并尊重我们，无论是作为普通人还是专业人士	1　2　3　4　5
4. **透明度**。客户与我们沟通频繁并公开分享其计划及优先事项	1　2　3　4　5
5. **忠诚**。在我的专业领域内，客户总是会最先与我沟通他们的需要	1　2　3　4　5
6. **经济收益**。这种关系满足了我们对绝对收益水平和盈利能力的预期及收益增长的期望	1　2　3　4　5
7. **推荐能力**。如果向其提出推荐请求，客户会向他们认识的人热情推荐	1　2　3　4　5

最后一个问题：在发展这种关系方面，你最大的挑战是什么？

我发现这样做是有帮助的，那就是将你可能遇到的所有问题归结为这个问题——你需要克服的最大挑战。

问题2：你的志向是什么

大多数伟大的企业家都有远大梦想。如今，拥有超过400家公司控制权的亿万富翁理查德·布兰森（Richard Branson）一直对自己的商业梦想有着雄心壮志。他在1972年创立了维京唱片公司（Virgin Records），当时该唱片公司只是他在牛津乡间房子中创建的小型唱片工作室。然而，他满怀信心，追寻最优秀、最有趣的音乐天才，后来签约了滚石乐队（the Rolling Stones）和性手枪乐队（the Sex Pistols）。后来建立的合资企业包括维京银河（Virgin Galactic），该公司有志于创建太空旅游业务并将卫星发射入轨道。布兰森在自传中写道："我对生活的兴趣来自给自己设定远大的、显然是无法实现的梦想，然后努力超越这些梦想……从想过充实的生活角度来看，我觉得我必须尝试一下。"

那些能够带来滚滚财源的最成功的造雨人，无论是自主创业还是受雇于公司，都能像企业家一样思考。他们为客户关系设定了很高的目标，他们不满足于中规中矩地预测每年5%或10%的增长，他们的目标是成为客户在其专业领域中最重要的供应商。

想想你最重要的客户之一，你的志向是什么？考虑以下因素：

■ 客户影响力；

■ 收益和盈利能力；

■ 客户带来的利益；

- 关系质量；
- 工作的组织级别。

问题3：客户的议题安排是什么

在第7周（"预测和议题设定"）中，我阐述了客户议题的概念。这里再详细说明一下，因为客户日常是关系发展的关键要素。

议题有几个级别和类型。首先，有公司或机构议题。在公司层面，客户最重要的三到五个战略或目标是什么？

其次，你为其服务的每位高管都有一个职业议题，这包括三到五个最重要的优先事项、需求或目标。理想状态下，这些应来自机构议题。

最后，每个人都有自己的私人议题。这些优先事项可能包括从职业生涯规划到家庭危机处理。关心客户私人议题，不是因为你想成为一名治疗师，而是因为如果你想成为客户信赖的顾问，那么你需要把他们作为普通人来理解。

我曾经与数百个团队一起进行过客户规划，这个问题（客户的议题安排是什么）几乎问倒了所有人。我的许多客户都可以概述出公司议题，但极少有人能够透彻了解与他们共事的高管的个人议题。

问题4：发展关系的最佳机会是什么

鉴于你现在在客户心目中所处的位置（问题1）、你的志向（问题 2)以及客户的优先事项和目标（问题 3），你可以在哪些方面通过所提供的解决方案为客户增加价值？

在第 6 周，我介绍了购买催化剂的概念。在思考这个问题时，请记住这些催化剂。你的客户在竞争环境、经济环境、客户趋势等方面都面临着哪些外部挑战？他们希望自己在哪方面发展得更快？他们试图弥补哪些能力差距？如果新任首席执行官或其他高管人员接任，他们的议题是什么？对你工作的领域有何影响？

为了回答这些问题，你应该可以写下至少三个机会，可以与客户一起仔细研究。

问题 5：哪些个人关系需要加强

我自己的客户，尤其是为大客户提供服务的客户，通常会花费最多的时间来解答这个问题，而这个问题也最让他们感到沮丧。你可能会认为这很容易。

简单的部分是列出高管的名单，然后说："我们需要与这些人建立关系，以发展客户。"该名单应包括你目前为其服务的高管，还应该包括那些因你可能为之提供其他问题解决方案而成为未来客户的高管。

困难的部分是弄清楚如何发展这些关系。主要障碍有以下几个。

在我们 100 天的学习中，我想介绍一个非常简单的关系构建模型。你可能已经是这方面的专家，或者也可能不是。还记得我对近

第 9 周行动计划：牢记这八个重要问题，就能让你和客户的关系更加紧密

3000 名像你这样的专业人士进行的全球调查吗？只有 30% 的人说他们对自己的职业关系非常满意（其余的人对他们的职业关系一定程度的满意或不满意）。

如图 10-1 所示，此模型适用于你想建立的任何职业关系，无论是与客户建立关系，还是与你的经理建立关系。

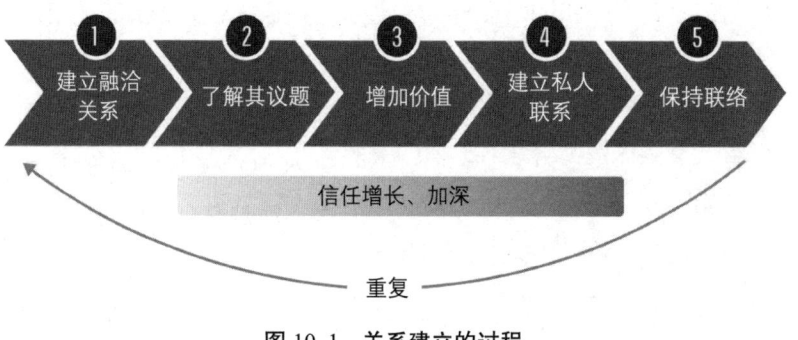

图 10-1 关系建立的过程

遇到某人，起初与其建立了融洽的关系，彼此了解。然后，你努力了解其议题——了解对对方而言重要的事情。接下来，你努力为该议题增加价值。随着关系的发展，你会更深入地了解这个人，之后你们一直保持联系。随着你们经历这些步骤，对方对你的信任会慢慢增长、加深。

因此，你列出了要发展关系的主要高管名单。现在，你需要模仿我在第 7 周中描述的那位客户——在口袋里放一张小纸条，上面列着客户目标。对于清单中的每位高管，写下他们三到五个最重要的职业优先事项、需求或目标，然后以同样的方法列出他们的个人议题。

> **客户账户计划最佳做法**
>
> - 专注于思考的质量，而不是形式；
> - 让客户参与设计计划；
> - 首先完成客户的要求；
> - 确定购买影响；
> - 了解理性议题、政治议题和个人议题；
> - 思考如何增加价值，定期回访；
> - 制定策略来提高客户对你观点的认可度；
> - 向自己和团队提很多尖锐的问题；
> - 进行独立的客户审查；
> - 找一个客观、诚实的经纪人参与计划过程；
> - 将计划转换为具体的操作步骤并监督进度；
> - 不断检查并调整你的计划。

我的猜测是，如果你像我的许多客户一样，你将很难一次完成此练习，因为你不知道这些人的议题。因此，这是你的功课和下一步要做的事情：与你的客户一对一会面，开始真正了解对他们而言重要的是什么，我并不是说在你们现有合同中对他们来说重要的是什么，而是说在他们的所有议题——关键的优先事项、需求和目标等当中重要的是什么。

一家市值 150 亿美元的公司的首席执行官对我说："即便当时我还是中层经理，我打电话对客户说：我想去拜访一下您，顺便给您买杯咖啡，进一步了解一下您的计划和优先事项。从来没有一位客户拒绝我。"

问题 6：哪些投资你能做，而且应该做

我们有时会忘记，ROI（投资回报率）中有个"I"，也就是投

资回报率中的投资。只是在菜园里撒一些种子，然后任之自然存活，几个月后，它们并不会生机勃勃。去年夏天我就有过这样的经历。五月下旬，我在西南部的老家后花园种了一些西红柿苗和南瓜苗，然后就离开了。六个星期后，当我和妻子回来时，那里的西红柿苗和南瓜苗只剩下零零星星的几株，还都残缺不全。我不在的时候，兔子、昆虫和鹿把它们毁了，这就像《圣经》里所说的蝗灾一样。同样，如果没有长期稳定的投资和培养，客户关系也不会发展。

你可以进行两种类型"议题设定"的投资。第一种类型就是我所说的日常思维领导力。基于你对客户关键优先事项议题的了解，你可以形成想法，提出看问题的新视角和新观点，提供为该议题增加价值的有用信息。

例如，我有一位客户，她觉得自己的组织没有问责文化。具体来说，她希望大家为解决问题承担更多的责任，而不是指着她说："这个需要解决。"我正为这个客户处理另一个问题，但也思考了她所面临的文化挑战。有一天，我们一起喝咖啡，我建议她看看通用电气公司应对官僚主义的"变革加速"方法的现代版本。我丰富的工作阅历给我带来一项优势，那就是能掌握一些好的管理理念，这些理念在多年前非常有效，但后来却很少使用了。我给她介绍了建立小型工作组的想法，这些工作组将被授权处理诸如决策缓慢或开支浪费等棘手问题。她非常喜欢这个想法，并最终提出了她自己版本的通用电气"变革加速"过程，正适用于她的组织。

第二种类型的投资是更实质性的投资——我们称之为深度投资。我有一个大客户，拥有大量资源，他们正在考虑在培训项目中扩大线上课程比重。他们看了我建设的建立终生客户的线上课程，表示很喜欢。然而，他们希望教学内容能为他们量身定做，即所有内容都针对其特定的业务和文化，但是他们不愿意承诺一定会使用我的课程。

我花了大量时间为他们量身定制了演示课，课程中包括一些例子，说明他们的高管如何使用我在演示课中谈到的建立关系的策略和技巧。他们对我的演示课印象深刻，几个月后，聘请我为他们开设一门课程。如果我没有做演示课，没有在这方面进行投资，我不太可能说服他们购买我的课程。有时，你必须向客户展示他们可以获得的利益——只用幻灯片进行描述是不够的，这就像向某人展示美味餐食的照片，而不是让他实际品尝食物。

我还有一位客户是一家龙头咨询公司，特别想为《财富》杂志上排名前100的一家大公司提供咨询服务。然而，这是一个难题，很难破解，因为这家公司实际上从未使用过外部顾问。我的客户决定孤注一掷，他们派了一位高级合伙人常驻公司总部。在将近一年的时间里，这位合伙人与该公司的高管结识，试图了解他们的问题。这并不容易：几乎每一次会面都是以相同的方式开始，他见的每位高管第一句话都会说："您知道，我们这里不聘请外部顾问！"后来，他终于拿到了一个小项目，然后另一个。四年后，这家公司已经成为给他们每年带来1亿美元营收的客户！

根据潜在机会的大小以及你自己拥有资源和优先事项顺序，你可以对客户进行哪些投资？

问题 7：你需要什么资源

公司在努力实现目标时，过去的做法是依据公司能如何优化有限的资源来确定战略发展方法。但当加里·哈默尔（Gary Hamel）和 C.K. 普拉哈拉德（C. K. Prahalad）提出他们的"战略意图"概念时，这个观点在某种程度上被颠覆了。哈默尔和普拉哈拉德坚持认为，非常成功的公司并非简单地依据公司的资源多少来设定目标，而是设定了大胆的目标后，去获取实现目标所需的资源。在某种程度上，这就是苹果公司开发首款苹果手机时所做的事情。他们在现任首席执行官帮助建立的全球供应链的支持下，采购了多种现有技术，并将其集成到一部手机中。

确定你要旅行的距离，然后获取旅行所需的工具。

对于客户发展计划中的这一步骤，在回答"你对关系的期望"这个问题时，你需要列出一个包含人、技能、资源、资金和其他资产的愿望清单，这些都是实现你自己设定的宏伟目标所需要的。换句话说，采取战略意图方法来发展客户关系，而不是基于"封闭系统"的有限资源。

实际操作中这意味着什么？如果你为一家大公司服务，你则需要明确整个公司中哪些资源可能会为支持客户计划进行统一调配。这些资源可能包括身为专业领域专家的同事，有助于管理关系的系统或流程、思想领导力和客户兴趣领域的调查，"深度投资"的投资预算，等等。你可以通过创建一个基金来实现这一切，该基金可以为客户账户团队提供投资资金，以实现发展目标。

如果你自主创业或你的公司规模很小怎么办？你可能会觉得自己没办法获得我所强调的实现目标发展所需的资源。我是这么做的。

- 我会谨慎地决定将时间和金钱投资于何处。专注就等于发展，因此我将注意力集中在潜力最大的客户身上，对这些主要议题设定进行投资。
- 我努力提出很多与客户分享的想法。除了一点思考时间外，我的想法没有让我付出任何东西。我不会预先判断这些想法好还是不好，因为我不知道哪些想法会引起客户共鸣。有时客户认为这些想法很棒，有时他们只是回应"嗯"，然后仿佛什么都没有发生。有时候，我认为只是一个小点子，但对于客户而言却是一个非常好的想法。反之亦然，很难预料。
- 我也喜欢收集想法。我会仔细记录所有谈话内容，并尝试捕捉所产生的任何见解或新观点。我也经常广泛阅读专业领域之外的内容，并阅读许多书籍和文章。我阅读时，会用正在为其服务的不同高管的视角来看待信息。我会问自己："这与我的某个客户有关吗？"如果有关，我就会把这个信息转给这个客户。
- 我有一个专业人士关系网，由不同领域和专业的专家组成。如果他们需要帮助或建议，我会尽力帮助他们；当有问题需要专家意见时，我偶尔也会去找他们。有时，当客户有需求而我无法满足时，我会将这些专家及其公司推荐给客户。

这些做法帮助我这样一个小公司成功完成"超越自己能力"的工作。

问题 8：你的计划是什么

现在，还需要做的是列出实施发展计划的行动步骤清单，这些步骤自然不在你对前七个问题的回答之中。你应该明确任务内容，计划何时完成任务，如果不是你来完成，那么该由谁来完成。

没有任何计划是在与客户接触后不用做调整的

你控制着许多重要因素，这些因素将决定客户关系是越来越牢固还是慢慢疏远。你决定拜访客户的频率、对议题设定的投资、对会谈增加的价值、交付任务的质量，等等。当然，有些客户比其他客户更难取悦，但不要绝望地举手投降。如果与某个客户的关系看起来像是一场艰苦卓绝的持久战，甚至是一个死胡同，那就换一位客户，将自己的才能用到其他客户上。

最后，要有计划，有重点，但也要灵活。赫尔穆特·冯·毛奇（Hellmuth von Moltke，1800—1891 年）是普鲁士的陆军元帅，被认为是现代军事天才。他有一句名言："没有任何战斗计划是在与敌人遭遇后不作调整的。"我借用了这句话，并将其改为"没有任何计划是在与客户接触后不做调整的。"事先做好准备工作，并为客户制订发展计划。但是，一旦你开始围绕该计划中的想法与他们探讨，会谈可能会向意想不到的方向发展。因此，要灵活应对，根据实际情况进行调整。

将关键想法付诸行动

　　选择一个具有巨大发展潜力的现有客户关系。回答八个问题，帮助你制订发展计划。

- 当前你在此客户心目中处于什么位置？
- 你的志向是什么？
- 客户的议题是什么？
- 发展关系的最佳机会是什么？
- 哪些个人关系需要加深，你将如何加深？
- 哪些投资你能做，而且应该做？
- 你需要什么资源？
- 你的计划是什么？

chapter **11**

第 10 周行动计划：
提出好问题，挖到真需求

我的一位客户遇到过一家大型私募股权公司的总经理，该公司正急于出售一家子公司。"我们要抓紧时间，"总经理对我的客户说，"我要完成一个项目，一个特定项目。"在仔细研究了那个商机之后，我的客户建议再额外做一些工作，因为这些工作将会提高项目的成功机会，但这位总经理却摆手说不行。

我的客户随后问了他一个简单的问题，但该问题却改变了解决方案的内容："我很好奇的是，如果你在出售公司前的确还有更多时间，那么为了让买家觉得他们购买的公司更有价值，你最想解决什么其他问题？"

总经理不说话了，陷入了一阵沉思。最后他支支吾吾地说："嗯——哦——，其实，我可能还有两个别的问题要解决。"随后他简要描述了一下这两个问题，然后便是更长时间的沉默。随后总经理说道："好吧，请把这两个问题也加到你的解决方案中。"

我客户提出的这个问题立刻改变了谈话的内容，大幅度转变了工作的重点。总经理也做了转变，从只想为一个小项目支付最少费用转变为同意扩大工作范围，这将大大增加所售公司的价值。

如果你有志成为客户信赖的顾问，你就要更善于提出引人深思的问题，我称之为"提问的艺术"。许多高管在谈及他们最重要的外部顾问时，都向我提到这一技能。一家财富500强公司的首席执行官曾告诉过我："我总是能从他们所提问题的质量判断出一个潜在顾问的经验。"请注意，他并没有说"我判断的理由是他们多聪明"或"他们做的幻灯片多好"。

与之同出一辙，伟大艺术家毕加索曾打趣道："电脑毫无用处，它们只会给你答案。"

自从我和已故杰出作家杰瑞·帕纳斯（书里的插图就是他）合著出版全球畅销书《提问的艺术》(*Power Questions*) 以来，我就努力提高自己所提问题的质量。结果不只是令人鼓舞，可以说是振奋人心。有一类问题我特别喜欢，我稍后会探讨，这类问题侧重于情

第 10 周行动计划：提出好问题，挖到真需求

感领域。这是一个会激发情感、激情以及热情的个人问题。我来说明一下我的意思。

几年前，我在一家大公司年度高管异地团建上发言。之后，受邀聆听首席执行官对于公司现状的演讲。他讲了大约 20 分钟，然后问大家是否有问题。在座的 150 位高管中立刻有人举手，然而，他们提的问题都太拘泥于形式、吹毛求疵或太过保守（比如"为什么第 15 张幻灯片上引用的财政储备这么高？"），首席执行官对这些毫无价值的问题感到厌烦和沮丧。

于是我举了手。"比尔，我很好奇的是，在你所有正在进行的计划中，你个人最为之兴奋的是什么？"他笑了，然后对他满怀激情的一个很特别的项目热情洋溢地畅谈了将近五分钟。之后，当我们所有人即将离开礼堂时，他从后面过来并抓住了我的肩膀。"问得好，安德鲁，"他高声说道，虽然人声嘈杂，但他的话仍然清晰入耳。"这个问题让我说出了很多不为人知的事情。"然后他走了，但突然又停了下来，转身补充道："给我打个电话。"我给他打了电话，这成为我与他和他的公司建立长期良好关系的开端。

好问题能帮助客户用新的眼光看待他们存在的问题；好问题能让他人参与进来，并引导他们说出自己的想法；好问题能帮助你找到问题的根源，使真正重要的方面浮出水面；好问题甚至能改变与客户的关系。

好问题和不够好的问题有什么区别

好问题和不够好的问题或不好的问题之间有什么区别呢？好问题具有以下六个特点。

- 好问题通常是开放式的回答。它们会引起讨论，而不是一个"是"或"否"的回答。不是问"你关心这些新规定吗？"而是问"新规定正在对你产生怎样的影响？"
- 好问题是新颖的甚至出乎意料的。好问题会使他人停下来思考。不要问那些陈词滥调的问题，比如"是什么让你夜不能寐？"更有趣的问题是"是什么让你早晨早早起床？"
- 好问题将对话的重心放在正确的论题上，特别是放在客户感兴趣的问题上。试着问一下，"今天上午你想讨论的最重要的问题的是什么？"
- 好问题帮助你了解最重要的部分。有时候好问题就是问"为什么？"当你问"为什么你决定现在实施这个计划？"时，你就把会谈提高了一个层次。在第 8 周，我提到了丰田创始人丰田佐吉，他用"五个为什么"分析质量问题。
- 好问题帮助你发现他人的重要信息。有时我请客户谈谈他们的职业，会问这样的问题，如"你是怎样开始从事这一职业的？"或"我很好奇，当你想到你的职业时，你最重要的领导经历是什么？你有什么收获？"
- 好问题能赢得赞同，带来合作机会。如果你这样说，"我们认为您的顾客反应次数低于行业标准"，那么你的问题通常不会得到回复，他人也会持防御态度。但如果你这样问："您对客户反应次数有何感想？"他人会比较愿意回答这个问题。如果你这样做——将陈述句转变为问句，那么他人有时会做出应答并承认"我们还有提高空间"。然后，你的机会就来了。

好问题的四种类型

你可以使用多种不同类型的好问题，你的选择取决于环境和你的目标。即便如此，为帮助你找到重点，我想分享一个简单的框架，我的很多客户都发现它非常有帮助。我称之为"好问题矩阵"，该矩阵展示了你可以提问的四个方向。

第一维度（纵轴）一端是加以实施，另一端是全局视角。第二维度（横轴）一端是理性，另一端是感性。如果你把这两个维度放在一个坐标系内，你就得到一个由四个象限组成的矩阵，如图 11-1 所示。

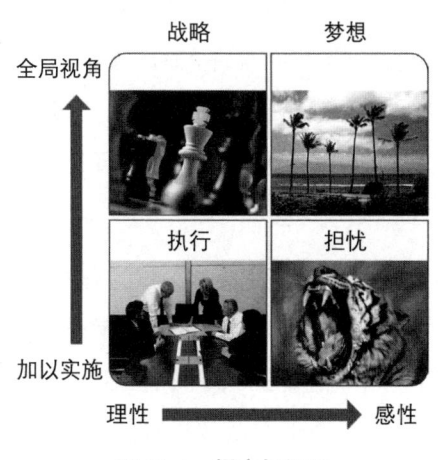

图 11-1 提出好问题

图 11-1 中，在左下角的执行象限，你可以问关于如何执行某些事情的理性或分析性问题。这些问题很简单，比如说，"您计划怎么做？""您的时间安排是什么？""公司中哪些领域会受此影响？"对于我大部分的客户来说，这是最令人舒服的象限。

这个象限只需他们运用自己的专业知识，深入研究细节。

但你也经常需要向上移动到战略象限，以便真正理解你的客户正试图完成的工作背景。假设你的一位潜在客户问你如何解决一个特定问题，你需要回答这一问题，但要回答这个问题可能需要你问一些有关战略的问题。

在左上角的战略象限，你仍注重理性或分析性问题，但现在你正在谈论大局。你也许会问一些问题以实现更高层次的目标，比如说，"您为什么想那样做？""您如何根据新战略调整部门的优先事项？"或"这项特别计划支持您的战略的哪一部分？"

正如我在第 8 周关于重构问题中所提到的，用事实说话，以情感征服，所以你也必须了解问题的情感因素或个人因素。在右上角的梦想象限，你可以问这样的问题，比如说，"您希望给公司留下什么？""您现在做的事情当中什么最令您兴奋？""到目前为止，您在职业生涯中取得了很多成就……您还有什么想完成的事吗？"

最后，在右下角的担忧象限，你可以问有关令人担心、焦虑和沮丧的问题，也就是什么阻碍了梦想和目标的实现。例如，"当您考虑实施计划时，您希望哪些方面做得更快些？""您认为该计划的最大风险是什么？""我们的提议中哪些方面您比较担心或者有疑问？"

更好的问题

好问题矩阵帮助你在任何情况下都可以将问题集中在执行、策略、梦想和担忧这四个象限中。现在让我们来看一些可以在建立关系的不同阶段使用的问题。

建立融洽的关系

请记住，融洽的关系是客户基于对你的信任、能力认可及对你的喜欢才与你建立的。表现出对他人感兴趣、发现你们的共同点、提出的问题深思熟虑、在会谈中增加价值，以及对你的工作充满热情，这些都有助于建立融洽的关系。我通常开始会问不会冒犯人的比较安全的问题，如开始会谈论天气，但我会很快转到更有意义的话题。

建立融洽的关系可以问以

我最喜欢的问题

好问题太多，很难把它们归结为几个。我特别喜欢的四个问题是：

- "您从那次经历中学到了什么？"我们通常都懒得停下来去思考，这个问题给大家留出了思考空间。
- "这是您能做得最好的了吗？"苹果的联合创始人史蒂夫·乔布斯（Steve Jobs）过去常常这样问他的工程师，这反映出他对产品设计和品质的不懈追求。
- "我们可以重新开始吗？"如果你发现自己正在与家人或朋友发生激烈争吵，那么这个问题帮助巨大。它可以让你冷静下来，按下"重置"按钮，重新开始。
- "你正在做的事情中什么最令你兴奋？"我喜欢听到人们有激情和热情去做的事情。

下问题：

1. 我从您个人简介中看到您毕业于……我的弟弟也在那里上学，您的学习经历怎么样？
2. 我注意到您在……公司工作了几年……其实20世纪90年代末我是在那儿开始我的职业生涯的。您在那儿工作得怎么样？
3. 我很好奇，您住在哪儿？您通勤需要很长时间吗？您是在这个地区长大的吗？
4. 您能讲一讲您的职业以及您是如何得到当前职位的吗？
5. 比较在这里工作与在原来公司工作的经历，您感受如何？
6. 我知道您在这里工作了将近……年。我很好奇，自从您加入该公司之后，您看到的最大变化是什么？
7. 那您怎么看……（时事、趋势、一些突发新闻等）？
8. 工作之余，您有什么特别喜欢做的事情或爱好？

仔细分析客户问题

这些问题我喜欢用来更好地了解某个人的问题，无论是潜在客户，还是你在当前客户那里遇到的新高管，这些问题都同样有效。

1. 在您看来，我们怎么一起度过这段时间最有价值？（或"您今天想和我讨论什么问题？"）
2. 您对未来两到三年的业务有什么期望？
3. 您需要什么样的组织能力和运营能力来促成这些愿望的实现？

4. 您现有能力和执行策略所需能力相比，还有哪方面能力需要提高？

5. 我在与您所在行业的其他客户交谈时，我对他们正在努力解决的三个特别问题感到震惊。这些问题包括……（列出问题）。您和您的管理人员是如何应对这些问题的？

6. 您的公司对（该客户所在行业的重要新进展或职能等）做何反应？

7. 未来几年您最重要的发展机会是什么？

8. 您希望在哪些领域进展更快？

9. 您如何描述客户面临的最大挑战？

10. 年底将如何对您和您所在领域进行评估？

深入挖掘已确定的需求

当客户将注意力集中在一个重要的紧急问题，而你可能会有机会与之合作加以解决时，你可以更深入对问题进行挖掘。以下提问可以帮助你更深入地挖掘问题：

1. 您认为这个问题将会让您付出多大代价？

2. 这个机会带来的收入增长潜力怎么样？

3. 这对您业务的其他方面（如销售、成本、生产效率、客户满意度、员工士气等）有何影响？

4. 如果您不解决这个问题（或抓住这个机会），您的业务会受到怎样的影响？

5. 您如何知道……（如员工流动率高、生产率低、风险管理不善等）？

6. 为什么现在这个对您特别重要？

7. 您会说这是您的前三或前四项优先事项之一吗？

8. 您已经尝试过哪些解决方案，这些解决方案效果如何？

从客户那里获得反馈

客户通常不会向你表达他们的不满，取而代之的是，他们往往不愿再与你合作，逐渐地、经常地在你没注意的情况下将业务交给你的竞争对手来做。因此，你需要定期向客户征求反馈。

这些问题将会有助于理解你关系的状态：

1. 您能分享一下您对我们之间关系的总体评价吗？

2. 如果您能改变或改善我们关系中的一件事，那会是什么？

3. 我们是否应该在您公司中某些人身上投入更多时间，并与之建立更好的关系？

4. 您能否给我一些建议来提高我们与您和贵公司的沟通频率、改善沟通时间或沟通形式？

5. 我们应该注意哪些正在出现的问题或我们应该为您考虑的问题？

6. 您对……有什么计划？ 您打算怎么处理？（根据客户的业务和市场调整内容）

7. 在接下来的 6~12 个月内，您最重要的目标是什么？

8. 我们有什么地方可以改进或改变，这样更便于您与我们开展业务？

9. 您能告诉我您如何评价我们的团队吗？他们在哪些方面做得特别好？在哪些方面还能做得更好？
10. 您是否愿意为我们出具推荐信或证明信？

不要问的问题

你以前可能听过这样的话："没有不好的问题。"好吧，请忘记你曾经听过的这句话。其实有很多不好的问题，我希望你不要问！

当然，一个问题的适当性和最终价值可能会因使用它的时间和方式而异。换句话说，一个问题的价值不是绝对的。例如，在"我很好奇，您为什么决定现在启动这个计划？"或"您认为人们为什么没有很好地利用贵公司的新账户规划工具？"这样的问题中，"为什么？"就是一个非常好的问题。但是，如果以错误的方式问"为什么"，也可能会被认为是批评和吹毛求疵。例如，在有人犯错之后，永远不要问："您为什么这样做？"因为这个问题传递的真实信息是："您为什么这么愚蠢？"

以下八个问题你应该少问或不要问。

1. **是什么让您夜不能寐？** 如果你是第一次与潜在客户会面，这是一个偷懒的问题，表明你还没有做任何功课或为会谈做任何准备。这个问题也毫无新意，因为销售人员在过去 25 年里一直在问，你的问题必须比这更有创意。对于你认识多年的老朋友或客户，你或许还可以这样问，但对于一个潜在的客户，千万不要这样问。

2. **有什么事让您出乎意料？** 这个问题经常用来问刚接手新工作的人。这是一个糟糕的问题，因为没有好的答案。如果被问的人告诉你"什么都没有"，那么他就有可能表现得过于自信和不知情。如果被问的人告诉你，他或她对一堆事情"意想不到"，那么其似乎对这个职位的职责并不了解，也没有做好充分准备。取而代之的问题最好是"您确定长期优先事项了吗？"或"在最初的几个月里，您是如何专注做事的？"

3. **什么问题我没问您？** 这是一个老销售人员的伎俩，实际上是让你的潜在客户当你的教练，和你坐在桌子的同一边，拉近与客户的关系。"我们一起探讨！"但经验丰富的高管会看穿这一点。取而代之的是你可以问："您认为还有哪些我们尚未讨论的问题与该主题相关？"

4. **怎么做才能得到您的业务？**（哎哟，这问题太急功近利了。）在一些在售的书中我仍然看到有这个问题。你通过建立信任关系，展示你们的产品或服务可以增加价值、解决问题来获得他人的业务，而不是通过提出这个鲁莽的问题。顺便说一下，客户的回答可能是："好吧，如果你把价格降低 50%，那会有所帮助。"

5. **如果我有办法可以让您节省一大笔钱，您是否对我们的建议感兴趣？** 这就像是一个引不起食欲的陈年食材，同样引不起客户的兴趣，那些没有实现目标、极其迫切获得业务的销售人员才会提这个问题。拜托！你问这样的问题是在侮辱对方的智商。

6. **成功会是什么样子？** 从表面上看，这根本不是一个糟糕的问题，但实际上这是一个极其老套的问题！当被问到这个问题时，我看到主管们都翻着白眼直叹气。如果你只要这样重新组织一下语言会更好："您怎么知道您是否成功了？"我更愿意以稍微不同的方式提出这个问题："一年后您会用什么标准衡量成功？"或者"如果您成功解决了这个挑战，一年后会有什么不同？"

7. **周一上午 10 点给您打电话介绍我们最新的巨石阵谜团解析，可以吗？** 当销售人员给你打电话兜售这一产品时你感觉如何？如果你销售餐刀，这可能是确保预约的好方法。然而，如果你销售高端产品和服务，那就别这样想了。在这一点上，有些读者可能不同意我的观点。但是，我仍然坚持，如果你有志成为高管值得信赖的专家或顾问，那就不要提这个问题。

8. **我们如何为您增加更多价值？** 这是很多人都会问客户的问题。多数时候，客户无法回答这个问题。他们要么含糊地说，"继续做好工作"或"请不要把这个项目搞砸"。你必须弄清楚如何为他们做得更好，你可以通过与客户共度时光，学习他们的业务，了解他们的挫折、需求、目标和优先事项来做到这一点。只有你才能将你感知到的客户需求与你的特定产品或服务联系起来。不要期望客户将他们的需求与你们的产品或服务联系起来——他们很少会这样做。你可以提出许多更好的问题来帮助你了解如何做得更好（例如，参阅我之前的问题列表，这有助于你获得客户反馈）。

只问，不说

我将通过给大家分享提问的四个重要原则来结束第 10 周的内容。

原则 1：将陈述句转变成问句

有时，需要一个明确的判断，你必须非常直接地表达你的意见。但在提出的问题里嵌入一个需要解决的问题（"您觉得……怎么样？"）通常更有吸引力，这会引导客户说出他们的想法，而不是让他们像寄居蟹一样退缩到壳里，一直保持防御姿态，始终缄口不言。

原则 2：别问过多的问题

有一次我接到一位潜在客户打来的电话，这位客户是《提问的艺术》一书的读者。对话是这样的：

客户："您知道，（他用略带责备的语气）我试了您的提问技巧，但没有奏效。"

我："真的吗？发生什么了？"

客户："会谈后客户对我说，我问的问题太多了，让她感到很乏味。"

我："你问了多少个问题？"

客户："我问了差不多 25 个问题。"

在业务开发阶段的会谈中问对方 25 个问题实在太多了，会让对方感到麻木和厌烦，我通常在一小时的会谈中只提出几个精心挑选的问题。不要像在法庭上盘问或像面试官在面试一般提那么多问题！

原则 3：自信并放松

如果你感到紧张、不自信，觉得会冒犯对方，那么你的问题恰恰可能会让对方觉得是反复练习过的，显得不真实。当你提出会令对方生气的问题时，请放松，并面带微笑。表现出友善——这样做也会帮助对方放松，进而降低其心理防御程度。

原则 4：每次会见客户都带上三个好问题

将你准备会谈的一些时间用在提出好问题方面，而不是不断完善你的幻灯片。提出好问题需要时间和精力，但回报是非常值得的。如果每次与客户会面你都能提出三个深思熟虑的问题，你将大大提高会谈的质量和效果。

将关键想法付诸行动

1. 你被问过的最有趣、最发人深省的问题是什么？为什么那个问题对你有帮助？那个问题对你向客户提问有什么启示？

2. 想想一个即将进行的客户会面，使用好问题矩阵在四个象限的每个象限——执行、策略、梦想和担忧，都提出一个深思熟虑的问题。给自己设定一个目标：提出至少一个或两个问题。

3. 将这些提问策略，包括好问题矩阵在内，应用到你与家人和朋友的个人关系中，你有什么问题想问最亲近的人吗？

chapter **12**

第 11 周行动计划：用好全局思维，从客户战略层面思考解决方案

在高二结束的那个夏天，我参加了明尼苏达拓展训练学校为期一个月的课程。那时我住在纽约，一方面迫不及待地要摆脱那里酷热难耐的天气；另一方面，要摆脱我妈妈。拓展训练包含荒野项目，这些项目极其考验一个人的身体极限和精神极限。这些项

目让人收获颇丰，但也非常艰巨，或许从现在来看，在那个时代更加具有挑战性。

我曾"独自"荒野求生，一个人在明尼苏达州边界水域荒野地区的偏僻湖边度过了三天三夜。没有食物，只有三根火柴，一个鱼钩，一块雨布和一个金属材质的杯子。晚上，我蜷缩在一小堆篝火旁，附近野狼成群，狼嚎声不绝于耳。

课程中尤为艰难的一部分是定向越野赛。我们三人一组，被送到荒野，需要徒步两天，穿过险要地带，返回教官所在地，他们在 10 英里（约 16.09 千米）外的一个指定地点等着我们。为了增加徒步难度，教官们还在我们本已经很重的帆布背包里，又塞进了用不着的锅碗瓢盆，以增加我们的负荷。

当时还没有手机和便携式 GPS 设备，所以，要完成在第二天日落前找到会合点，我们只能依靠地形图和指南针。我们不得不穿越数英里的沼泽、茂密的森林和陡峭的峡谷。第一天晚上，我们露营在一个雾气蒙蒙、汩汩作响的沼泽旁。太阳落山时，我记得帐篷的纱门渐渐地变得模糊起来，一群巨大的黑蚊子正试图钻进帐篷饱餐一顿。

毫无意外，我们迷路了，怎么也找不到那个能引领我们回家的主要地标——一个高高的突出的岩石。用"一叶障目，不见泰山"这句话来形容我们那次徒步非常形象生动。我们漫无目的地蹒跚前行，身上多处被荆棘划伤和蚊虫叮咬，真的很疼。

绝望之下，我主动请缨，爬上山顶的一棵大树。当我爬到可以看到周围地形的高度时，一阵凉爽的微风拂面，周围的一切豁然开朗。我能看得到我们出发的地方，也能看到远处的空地，教官就

第 11 周行动计划：用好全局思维，从客户战略层面思考解决方案

在那里等着我们。从那个绝佳的高度，我找到了一条完美的下山之路，还有一条河，我们可以轻松地沿着这条河徒步前行。四个小时后，饥肠辘辘、疲惫不堪又臭气熏天的我们，欢天喜地地与我们的两位教官会合了。

现在，每当我感到有些无所适从，需要从全局看问题时，我都会想象自己再次爬上那棵大树，俯视全景。从为客户解决问题的视角来看，这意味着自己要从问题的日常细节中跳出来，审视全局。

在实施你的 100 天计划的第 11 周，我将为你提供一些已经被验证有效的策略，帮助你爬上自己的"那棵树"，使你在为客户提供服务时，也能拥有这种使一切豁然开朗的全局思维。在你前行过程中，希望你不会像我一样需要驱蚊剂。首先，我将界定一下我所说的全局思维；然后，我会分享一套行之有效的方法，帮助你拓宽视角，想出新点子。

何为全局思维

在为客户解决问题时，要形成全局思维，第一阶段你首先要了解客户的首要目标。他们最终想要实现什么？然后，你要了解目前实现这些目标所具备的条件有什么。爬上树，纵观全局。最后，确定可能影响客户预期结果最关键的问题。这三个步骤会为你在下一阶段——形成想法，做好铺垫。

以我年轻时的那次定向越野经历为例，我们的目标是在第二天日落前到达会合点。当我爬上那棵树，我终于看到了全局，能够对

周围的地形有全方位的了解。因而,我可以确定到我们会合点的大概距离。我评估的关键问题都是非常实际的因素,即我们团队成员的身体状况、我们穿越无地标指引的森林的速度、饮用水的补给,等等。而这些现实评估最终让我们没有选择教官建议的首选返程路线,而是选择了前往河边,然后沿着河边走向下游。

在为客户服务时,要高度重视归纳出核心问题的重要性。我曾负责一个咨询项目,客户是全球最大零售商之一。这个项目非常复杂,需要评估为什么该公司的股本回报率表现不佳,并提出解决方案。我们撰写的报告长达200多页,其中附有大量图表。就在我们完成这一项目的时候,该公司的首席执行官换了新人,我把报告提交给他,希望能与他面谈。然而六个星期过去了,我一直没有收到他的回复。我觉得他可能对我们的工作不满意。

后来,一个周一的早上,我的电话响了,是这位首席执行官亲自打给我的。他言简意赅地说:"你给我的报告内容事无巨细,你能精简一下发给我吗?"我花了一个星期的时间,把这个报告浓缩为五页。最终,报告准确地呈现了我们发现的问题和我们解决方案的精髓部分。我从全局视角突出了他们的竞争形势和客户趋势,还列出了影响公司未来盈利能力的三个内部因素和三个外部因素,然后我将报告发给了他。

一周后,这位首席执行官再次给我打电话,他说:"谢谢你的这份报告总结,现在我终于了解了主旨。另外,我计划把这份报告总结转发给董事会的所有成员。"从此,我们开始了长期合作。后来,我们每次见面,他都亲切地叫我"小安德鲁",因为那时我才30岁出头。

激发新想法的 10 种策略

你已经为客户确立了目标,了解了总体情况,并确定了关键问题或变量。现在,你需要明确观点,形成框架,帮助客户实现目标,发展业务。

以下是激发创新想法的 10 种技巧。

1. 形成简化框架

一个合格的简化框架可以将许多复杂变量缩减为两到三个最重要的变量,它们"勾勒"了主要选择或处境。例如,多年前我开发了一个工具,我称之为"客户成长矩阵",还为此写了一本书——《人人为我》(*All for One*)。目前,我为客户服务时仍然在使用这个矩阵,都取得了巨大成功。该矩阵如图 12–1 所示。

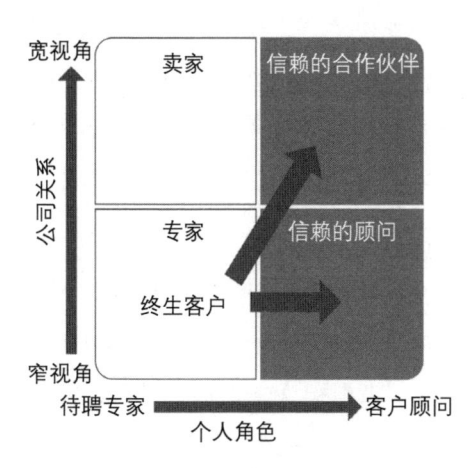

图 12–1 客户成长矩阵

我用这个矩阵作为客户诊断工具,帮助他们评估其客户关系。我也在与客户探讨其业务发展时使用这个矩阵,因为这样客户就会谈到其目前状况,以及未来的发展目标。我们会谈及找到可信赖的合作伙伴会遇到哪些困难,也会谈及团队能力。Y 轴代表客户接受你解决方案的相对程度(宽视角还是窄视角),也代表你(或你的公司)已经建立起的各种关系。

考虑到客户面临的挑战类型,
你可以为他们开发什么样的简化框架?

---

2. 使用比喻和类比

比喻是一种修辞格,它用一种并不真实的方式来描述某事,但是这种方式有助于解释一个想法或问题。在谈到创新时,一位行政主管可能会说:"创新是一场马拉松,而不是冲刺。"这是商业领域常用的比喻。当然,创新不是真的"马拉松",但这个词说明,成功的创新是一个长期的动态过程。

一个恰当的比喻可以特别突出或激发一个重要的想法,并使之与其他事物联系在一起。我在第 8 周提到了这个技巧,当时我分享了富兰克林·罗斯福总统请求帮助英国人抵御希特勒纳粹进攻的例子。在这个例子中,罗斯福总统将帮助英国人这件事比作把你浇花园用的水管借给房子着火的邻居。

第 11 周行动计划：用好全局思维，从客户战略层面思考解决方案

许多伟大的作家和艺术家都擅长使用比喻，这绝非巧合，因为比喻可以使他们传达的信息通俗易懂。在《罗密欧与朱丽叶》（*Romeo and Juliet*）这部作品中，莎士比亚没有写"透过窗子看到的朱丽叶很美"，因为这样写没有文学色彩。莎士比亚的写法触及心弦，无与伦比："别出声！那边窗子里亮起来的是什么光？那就是东方，朱丽叶就是太阳！"

类比是一种比喻，但它将一个事物比喻成另一个事物时，论据更充分，论证更合乎逻辑。例如，我常说发展长期客户关系就像培育花园，你必须翻土、施肥、播种，在花和蔬菜生长时进行打理，拔除杂草，等等。

马文·鲍尔（Marvin Bower）主要负责麦肯锡咨询公司（McKinsey & Company）的未来发展，他用一个律师事务所进行类比，希望公司的未来文化就像这家律师事务所一样。在 20 世纪 40 年代，许多公司对咨询公司持怀疑态度（他们会这样说："嗯，我认为有些事情永远不会改变……"）。鲍尔此前曾在克利夫兰的众达律师事务所（Jones Day）工作过几年，对该公司的职业道德和行为准印象深刻。在此驱动下，他将麦肯锡职业化，并为公司文化制定了一套类似的行为标准。

下一次见客户，你能否使用恰当的比喻或类比来表述你的观点？

---

3. 兼顾多个视角

用"平衡计分卡"评估策略实施情况就是使用这一技巧的例子。平衡计分卡是由罗伯特·卡普兰（Robert Kaplan）和大卫·诺顿（David Norton）在20世纪90年代早期开发的，这个方法被企业广泛使用。平衡计分卡着眼于四个方面：财务、客户/利益相关者、内部流程和组织能力（起初是学习与成长）。

要实现你的目标，你要考虑那些在你为客户服务时会受到影响的不同利益相关者或支持者，这些人会因为你在组织中所处的位置不同而不同。例如，在我的工作中，我经常会考虑以下几个方面：

- 高层管理人员；
- 人力资源部/学习与发展部；
- 客户；
- 面向客户的销售、客户管理、客户服务等领域的专业人士。

你是否在客户关系中遗漏了一些利益相关者的观点？

---

4. 重新定义讨论的条件

有时，可以通过重新定义讨论的条件来重新界定一个问题或一种情况。我有一个客户，由于她没有管理大量员工的经验，导致她未能晋升。依据以往惯例，要在她所在的公司晋升，需要有管理尽可能多员工的经验。但她公司未来的领导者需要的却是一套完全不同的技能，他们必须能够管理时间灵活的虚拟员工，培养联盟伙伴，并且更有效地运用数字技术。

我建议她在一切可能的场合谈论她公司所需的新型领导力，她要告诉大家，公司未来需要发展一支更灵活的员工队伍，并利用数字技术运营企业。她始终坚持，应该依据她做这些事情的能力对她进行评判，而不是依据她是否具有使用原有方式管理数千名员工的经验对她进行评判。她对讨论的条件进行重新界定，这使她在第二次提拔员工时成功晋升。

你能帮你的客户重设一个重要问题的假设吗？

---

5. 寻找模式和共性

这个技巧是推进20世纪80年代所谓的高收益或"垃圾"债券市场发展的关键，该证券市场向以前被排除在债券市场之外的公司敞开了大门。德雷塞尔大学的迈克尔·米尔肯（Michael Milken）痴迷于研究低评级债券的风险和收益，他认真研究数百只债券数据，甚至在早上5点于上班的火车上戴着矿工的头灯照明来阅读多年前的打印资料。他发现，与高评级、低风险的蓝筹股债券相比，低评级、高风险的公司债券风险溢价更高。

> 在你客户的业务中,以及所有你为之服务的客户中,
> 你看到了什么样的模式?

6. 暂停甚至是推迟你的判断

我们钦佩做事果断的人,但如果你的决定做得太快,你就会有失去最佳选择的风险。沃顿商学院教授亚当·格兰特(Adam Grant)在他的著作《创意》(*Originals*)中写道,许多最具创新思维的思想家都会拖延做决策。他说:"拖延让你有时间考虑不同的观点,以非线性的方式思考,实现意想不到的飞跃。"他引用的例子之一是马丁·路德·金(Martin Luther King Jr.)在1963年8月28日发表的著名演讲《我有一个梦想》(*I Have a Dream*)。马丁·路德·金一直反复改写演讲稿,直到最后一刻用铅笔添加了那句"我有一个梦想"。同样,美国总统亚伯拉罕·林肯在从国会大厦乘火车前往葛底斯堡参加活动时,也在火车上对他著名的葛底斯堡演说进行了修改。

或许你可以回忆起某个时候,你很快地做出了决定,但后来你却希望当时能等一等,再多获取些信息,或者只是再进一步思考一下那个问题。这需要你能沉得住气,等到最后一分钟,但有时这样会有更丰厚的回报。

> 你有没有对某件事或某个人急于做出过判断?
> 你觉得为什么会这样?

7. 提出多种想法

提出想法似乎很简单，但许多人出于担忧，往往不会提出自己的想法，也不与客户分享这些想法或将之公布于众。大量研究表明，那些获得过重大奖项的最有创造力的科学家们都发表过大量文章。虽然他们的文章大多未得到赞誉，也没有获得奖项，但其中的一些文章得到了认可，获得了殊荣。提出众多想法，终有一些会得到认可，这才是重要的。

这一做法适用于纯粹的创造性领域，如音乐创作。音乐剧《魔法坏女巫》（Wicked）高居音乐剧历史第二票房。本剧的音乐创作者史蒂文·施瓦茨（Steven Schwartz）说："《魔法坏女巫》里有 19 首歌，但我必须要写 70 首才能得到那 19 首。"

以我这个更为普通的人为例，在我自己的网站上有超过

你在借鉴他人的想法吗

著名歌手兼词曲作者鲍勃·迪伦（Bob Dylan）花了数年时间研究和掌握各种民间音乐和美国黑人灵歌，之后才创作出了那些民谣流行歌曲。他随心所欲地从那些传统歌曲中借鉴旋律来创作自己的作品。例如，他著名的颂歌《随风而逝》（Blowin' in the Wind），就借用了美国黑奴灵歌《不要再拍卖》（No More Auction Block），其中一些词改编自《圣经》中的以西结书。同样，伟大的艺术家巴勃罗·毕加索（Pablo Picasso）借鉴了许多过去的传统绘画方法，进而开创了新的艺术流派（比如立体主义）。

如果你直接抄袭他人的想法，那么你要好好反省了。但不要害怕在现有的这些想法上再去创造一些新的或不同的东西。如果迪伦或毕加索能做到，你同样也能。

350篇文章可以免费阅读，但我写的文章远远不只这些。我不知道哪篇文章会受欢迎，或者可能成为撰写一本书的源泉，所以我要一直写下去！我在YouTube上发布的视频也一样，有些已经达到万人观看，而有些则只有几百人观看。

如果我因为不确定文章是否会吸引读者而不敢发表，那么我就不可能写出这些文章和书籍，也不会制作出那些视频，更不会有今天的成功。

你是否经常有新想法，把它们写下来，并告诉你的客户？

---

8. 与人交流并学会倾听

研究产生新想法的人员，其主要发现之一是新想法并非凭空而来。每个人都认为，孤独的天才才会有"灵光一现"的时刻。这一看法很普遍，却是错误的。创新派作家史蒂文·约翰逊（Steven Johnson）曾说，新思想几乎总是迸发在群体当中。他描述了一位名叫凯文·邓巴（Kevin Dunbar）的研究人员，如何花数月时间观察并且给工作中的科学家录像。约翰逊在名为《好主意来自何处》（*Where Good Ideas Come From*）的TED演讲中讲述了他的工作：

>……几乎所有的重要突破性想法都不是一个人在实验室里、显微镜前想出来的，它们迸发在每周召开的实验室会议上，大家聚在一起分享各自的最新数据和发现……

（他们）分享他们犯的错误，经历的失误，发现信号里的噪音……这才是产生新想法的环境。

即使在音乐创作中，虽然有许多个人灵感，但约翰逊的观点也站得住脚。披头士乐队（the Beatles）解散后，保罗·麦卡特尼（Paul McCartney）和约翰·列侬（John Lennon）凭借各自的实力成为著名的唱片大师。但人们认为，他们在披头士乐队合作的那些震撼世界的音乐作品都超过他们的单飞作品，没有几个明星能够单打独斗获得成功。

这对你来说意味着什么？特别是如果你不在约翰逊所说的那种每周例会的团队里？那你就要对职业情况非常了解，尽可能多花时间与不同领域的客户经理和你专业领域的思想领袖多交流。如果你在公司里工作，抽出时间与同事畅所欲言，讨论解决客户问题的新方法。

结交一些和你不同的朋友和同事，我就从那些非商业人士那里获取了很多有趣的想法和观点。如果多花时间去倾听——你可能就会汲取思想精髓，从而撰写出你自己版本的《随风而逝》。

你是否在认真倾听别人的观点，并利用你所学来完善和丰富自己的想法？

---

9. 停下脚步，全神贯注，深入思考

阿尔伯特·爱因斯坦（Albert Einstein）在谈到他伟大思想的来源时说道："我独居在乡下，意识到了单调又宁静的生活是如何激发创造性思维的。"当我住在伦敦时，我有幸认识了畅销书儿童作家罗尔德·达尔（Roald Dahl），他的经典作品包括《玛蒂尔达》（*Matilda*）和《查理与巧克力工厂》（*Willy Wonka and the Chocolate Factory*）。罗尔德在花园的尽头有个小木屋，在那里，他可以享受孤独，安静地写作。

还有一个要考虑的事情是，在一段剧烈运动后停下来放松时，有见地的思想往往会涌现。有时，在淋浴或放松地散步时，我会突然有一些想法，然后我会快速将其记在笔记本上，之后再回过头来看。

如果你想生出更多的想法，你必须要摆脱每天没完没了的日常琐事。实际上，我认为新想法的产生就像肌肉的形成：你必须经常练习。要想产生大量想法，就不要先对这些想法进行评判，等过几天或几周后，再对它们进行筛选。

你是否有意识地抽时间进行思考？你怎样才能在每周的日程安排中留出更多的时间进行思考呢？

---

10. 在知识方面兼容并蓄

兼容并蓄意味着多样性和广泛性。彼得·德鲁克被认为是 20 世纪顶尖的管理思想家之一，他是典型的具有这种品质的人。他提出了许多概念，这些概念现在已成为我们商务用语的一部分，例如知识工作者和目标管理思想。德鲁克本人巧妙地结合了文艺复兴时期伟大艺术家列奥纳多（Leonardo）所说的"艺术与科学"。他刚开始工作时当过记者、研究过经济。之后，他从欧洲移居美国，开始研究通用汽车等大公司的管理。再后来，他成了教授，担任顾问。他在许多业余爱好上投入了大量时间。

奇思妙想往往是不同领域或不同市场交叉碰撞得来的，和/或由外行人提出来的。最显而易见的例子是苹果公司，苹果公司在 2001 年开发了 iTunes 音乐商店，2007 年开发了 iPhone。苹果是手机和音乐发行业这两个行业的局外人，但这两个产品的开发却给这两个行业带来了翻天覆地的变化。

你衡量成功与否的标准不应该是你是否为每一位客户都提出了一个震惊业界的想法。我虽这么说，但如果你真做到了，那你可真是太棒了！请你一定要给这本书写评论，评论中要说说你的这项壮举。玩笑归玩笑，广泛阅读，多多涉猎自己专业领域之外的知识，你才更有可能提出具有全局思维的想法，客户才会觉得你的想法独特，才会对你的想法感兴趣。

兼容并蓄，广泛涉猎，这些也会有助于你的事业发展。我前面曾经提到过，我住在伦敦时，我们公司的首席执行官正在想办法重振公司在意大利的业务。他很快做出决定，整个公司只有一个人能够胜任这个工作——那就是我，因为只有我会讲意大利语。在读大学时，我在意大利佛罗伦萨学过意大利语，当时，学意大利语似乎没什么用。当公司要任命我为意大利分公司首席执行官时，我甚至没敢直接问我的妻子玛丽·简是否会考虑去意大利，所以我打电话给她，说："那么……你学学意大利语怎么样？"她很快明白了我的意思，大声喊道："我正在学！"

你是仅擅长某一领域的专家，还是兼有
知识深度和广度的"资深通才"？

在为客户服务时要拥有全局思维

你现在可能要问的问题是："我的客户比我更了解他们的公司和行业，我怎么能给他们提出他们都没想到的有全局思维的想法呢？"然而，与其说你要为客户提出一个好想法，不如说你要为他们拓展思维，帮助他们专注细节。你的工作是要促使他们思考最棘手的问题，拓宽他们的思路，给他们出一些小主意，逐步改善他们的业务；利用你的丰富经验，分享你的见解。切忌为了追求完美而舍本逐末，不应该因为害怕自己的见解不够"惊天动地"，就不敢提出和分享自己的想法。

将关键想法付诸行动

1. 与每个客户一起养成"爬树"的习惯，从高处环视他们周围的地形（这当然是比喻说法）。你是否全面了解他们工作的组织环境？你是否意识到他们正面临的外部压力、竞争压力和市场压力？哪些问题是你的客户应该考虑，却由于日常工作压力而被忽视了的？

2. 记住：你每提出 10 个想法或建议，客户可能会忽略或拒绝其中的 5 个，同意仔细考虑一下其中的 3 个，最后可能采纳和实施的只有 2 个。但你却需要提出所有 10 个想法，才能得到两三个可行的。

3. 做我所说的"资深通才"。不断深入学习专业知识，同时拓宽自己的视野。很多人每年只读或只听几本书。你呢？想一想，今年要拓展的知识领域，自己可以采取哪些具体步骤。阅读、上课或参加工作坊，或者在工作之余做自己感兴趣的事情，这些都可以丰富知识。

chapter **13**

第 12 周行动计划：要想获取客户支持，这四个步骤就够了

如果家里需要维修，你愿意试用新的管道工或电工吗？如果他们看起会做得很好，价格也公道，有什么理由不试试呢？我想相比你当前雇用的管道工和电工，如果新的管道工和电工做法稍有不同，或者做得更好，那么你可能会特别想试一试。

但如果是你信任的私人医生顾问或金融顾问呢？我想你不会这么快就想试试。或许和我一样，飞机晚点，在飞机上百无聊赖，只

好拿起座位口袋里的杂志翻阅，然后你可能在付费广告栏中看到美国"最佳"医生的广告。你会立马解雇你现在的医生，雇用广告中的某位医生吗？你可能不会这样做。

那么是什么使你对他们如此忠诚呢？为什么对你来说有些人可以替代，而有些人却不能替代呢？理解这个动态变化很重要。如果你可以发展积极支持你的忠诚客户——他们会热情地把你推荐给他人，那么你的公司将会有近乎无限的发展前景。

你在开发个人推广者吗

满意的客户和个人推广者这两者有很大的不同。前者认为你提供的服务达到了预期水平，兑现了承诺。如果你请求他们作为推荐人，他们可能会同意。他们也可能再次聘请你为其服务，但如果有人以更低的价格提供相同的服务或产品，抑或是增加附加价值，或许他们就不会再选择你。满意的客户对你来说很重要，但仅仅是满意的客户不一定是你的个人推广者。

这就好比一家令人满意的餐厅和一个令人非常满意的餐厅的区别。你很少会告诉他人一家只是令你满意的餐厅，但你会迫不及待地告诉朋友哪家新餐厅棒极了，外面排了好长的队，他家的某道菜是我吃过最好吃的！

个人推广者对你满怀热情，他们会在其公司鼓励所有人去见你，采用你的方案，他们甚至会把你推荐给你业务范围之外的人。这是信任在发挥作用——信任营造的光环萦绕着你，也使他们认可你的能力。与不知名的公司相比，客户认为与他们信任的聪明人或公司共事更为稳妥。他们会主动将你推荐给其他公司的朋友或熟人。如果他们跳槽，通常会努力将你带入新的公司继续共事。

你的优点不仅于此，个人推广者认为你不仅对其组织机构产生了实实在在的影响，也影响了他们个人，他们的生活因你变得更安心、更美好。你让他们看起来状态良好，使他们事业蒸蒸日上。他们对你不仅仅是满意——还深怀谢意。

最后，这类忠诚的客户感觉与你交往深厚，你们或许成了朋友，或许没有，但不管怎样你们都彼此了解对方。你们共度时光，甚至向对方展现自己脆弱的一面。他们希望你事业有成，反过来你也深切地关心他们的成功。

大约20年前，我离开了双子座咨询公司，开始创办自己的咨询

开发个人推广者不存在年龄障碍

在一次客户会议上我采访了一位嘉宾，她是一位首席执行官，我问她成为她信任的顾问，年龄是否会是障碍。她斩钉截铁地答道："不会。"接着，她讲述了她的金融顾问团队中一位年轻女士的故事。这位女士凭借长期的努力工作和辛苦付出，以及给所有会议增加的价值，最终迈入了首席执行官的核心圈层。首席执行官甚至开始向其他人推荐她的服务。因此，无论你多大年纪，处于职业生涯的哪个阶段，你都可以在客户的组织中开发推荐者，你的立命之本是高质量地完成任务。那么，无论年龄相差多大，总可以找到一些共同的主题，将你们联系在一起。

公司，尽管期间历经几次经济低迷，但每年公司都在成长。公司取得的成绩归功于很多因素，但大概其中最重要的一个便是开发了大量的个人推荐者。我与高管们的关系保持了数十年——有几个人甚至长达30余年，我现在为之服务的客户也超过了15年。

将近20年前，我为其提供咨询服务的一家国际公司就是一个很好的例子。起初，一位业务部门负责人邀请我为他的领导团队举办一个为期一天的工作坊，接着他又让我给其他高管举办类似的工作坊。时间久了，我们彼此间都有所了解了。他把我介绍给他的首席学习官，首席学习官又邀请我为公司的其他部门开发一些项目。当我们都在一个城市的时候，我们通常会聚在一起用餐。没过多久，最初的客户——那位业务部门负责人和首席学习官都向其他领导推荐了我，随后我就组建了一个团队来满足各位领导的需求，并且这种需求还在逐年增加。后来有些参加过我项目的高管跳槽到其他公司，其中有四人曾电话联系我为他们提供服务。几年时间，我又开发了更多的新客户。

赢得客户忠诚度所需的几个步骤

赢得客户忠诚度是个不小的挑战，但也不是一个玄妙得似乎令人不得其解的过程。构建客户长期的忠诚度需要提供高质量服务，对建立良好关系开展的活动进行投资。接下来我们来仔细研究什么样的策略可以帮助你开发个人推荐者。

开发热情支持你的客户共需四步。第一步，高质量地完成工作；第二步，建立个人关系；第三步，增加个人价值，为你创造的机构价值增色；第四步，扩大关系。

下面我们来分析为什么每一步都很重要，更重要的是每一步该如何去做。

高质量完成工作

我无法确切地说明你们认为的高质量工作和客户认为的高质量工作是什么样，但我确实知道你认为你高质量地完成了工作，却没有达到客户的预期。所以，我们将会讨论客户认可的高质量和价值。

在我为客户提供咨询服务时，见过许多其他服务提供者交付的工作。在这之中，不乏优质的产品和服务，但在客户眼中却质量一般；也有的在我看来质量低下，但客户却认为优秀至极。所以这在很大程度上都是由客户的主观看法导致的，而不是交付的工作质量本身的问题。

为了保证你的工作质量能够得到客户的认可，我建议你做到以下三点。

1. **与客户讨论，明确客户的预期。** 无论是产品还是服务，都要界定其合格的标准，与客户达成共识，按照标准跟踪交付的产品或服务。

2. **确保客户看到你增加的价值。** 要大胆记录你带来的利益和影响，定期把这些资料分享给客户，不要畏惧这种做法。如果你犹豫是否要让客户看到你们共同取得的成绩，那你永远记住，如果事情搞砸了，你的客户是不会犹豫的，他会立刻当面挑出你的问题。
3. **经常沟通**。我曾经有一个金融顾问，他很少与我沟通。过了一段时间，我还是看不出他带来了什么价值。我们之间的关系就像一个黑箱——他拿了咨询费，我却不知道他做了什么。你不要这么做，透明度和沟通才可以增强客户对你增加价值的感知。

高质量地完成工作，达到客户的期望，是开发个人推荐者首要做的事，还有其他事情要做。

建立私人关系

那么与客户建立个人关系就意味着与客户成为朋友吗？也不完全是这样。可能在某些情况下你们会成为朋友，但这种情况不是我在这里想要谈论的。我的意思是将你的客户作为一个有情感的普通人来了解。例如：

- 面对面交流，聊一些工作之外的事情；
- 不仅仅是以交易双方专业人士的身份彼此了解，还要以两个普通人的身份去了解对方；
- 了解客户的个人议题——个人的优先事项、需要和目标；
- 发现你们身上的共同点，例如个人兴趣、爱好、生活经历等。

有许多显而易见的原因解释了为什么将客户作为一个人来了解

至关重要，但有一个原因你可能没有关注过，那就是只有当我们觉得与某人建立了个人关系时，我们才会真正支持他们。正如我本周开头所说，这就是你对家里维修工人的忠诚度与你对私人医生忠诚度之间有差别的关键原因。

以下是一些经过实践检验的策略，可以帮助你与主要客户建立个人关系。

1. **跟随客户的脚步**。慢慢来，小步行进。有些客户喜欢在做生意之前花时间经营私交，而有些客户喜欢跳过预热阶段，直奔主题，直接处理手头的事务。如果客户非常内向，那就慢慢地和他们相互熟悉。

2. **保持强烈的好奇心**。对他人和他们的生活有浓厚的兴趣。问一些有关他们兴趣、经历、家庭、愿望、假期、意见等方面的问题。

3. **培养自己的兴趣**。为工作之外的爱好和其他兴趣腾出时间，广泛阅读。正如我的一位客户的首席执行官对我说的：“如果你没有兴趣，你怎么能引起别人的兴趣？”

4. **适当地说一些自己的情况**。如果你希望客户向你敞开心扉，你也要愿意谈论自己，讲述一些自己的生活经历（只是不要说太多或过于隐私的事情，这个过程也不要太快）。

5. **寻找相似之处和共同点，并通过这些与客户联系起来**。围绕共同的兴趣和经历、共同认识的人、生活中的担忧和挑战、家庭等话题找到与客户的共同话题。寻找你们的共同点，而不是不同之处。

6. **花时间与客户面对面交流，熟悉彼此**。特别是刚与客户建立关系时，与客户多面对面互动非常重要。熟悉会提升他人对你的好感和信任。

7. **要平易近人**。表现得自信、谦逊（如"我相信这对你来说是正确的一步，其他客户采用后效果很好，但只有你能决定它是否正确……"）。你也可以适当承认你在对某事或某人的处理上出现失误。

8. **征求建议**。人们喜欢帮助他人，帮助他人让人们感到开心。你可以征求专业性的建议——例如，请客户对你起草的方案提建议；如果你们已经彼此熟识，也可以征求个人建议。

9. **寻找"突破"的机会**。对你的客户来说，什么是真正的考验？即将召开的董事会会议，一次高管异地团建，还是一次重要讲话或企业重组？在重要的时刻陪伴在客户左右，给予他支持，进行情感投资。如果你恰当地处理了一场冲突或是化解了一场危机，就可以使你与客户的关系提高到一个新的层次。

10. **利用幽默**。幽默是消除紧张感，拉近与他人距离的一种通用方式。如果你遇到一些疯狂的事情，不妨幽默一下，拿自己的小缺点开开玩笑，也可以拿人类的本性开开玩笑。

11. **改变"建立关系的环境"**。走出办公室，哪怕是去街边的一家咖啡馆。不同的周边环境会改变你们交流的质量和内容。人们在走出办公室后，往往更容易敞开心扉，除了公事，还会谈论一些其他事情。

但是，与客户的关系也不是越近越好，关系太近会产生隐患。

当你将客户作为有情感的普通人来结识时，要小心这几个隐患。首先，要把握合适的尺度，让客户感到舒适，但不要太过火。一位英国的企业高管曾这样对我说："刚结识时，不要和我'称兄道弟'。"

其次，不要自不量力。如果你想与级别层次相差悬殊的人建立交往关系，除非彼此惺惺相惜，否则一定要谨慎。我的一位客户是一家大型专业公司的高级合伙人，多年前他曾为美国通用电气公司做过咨询项目，当时传奇人物杰克·韦尔奇还是通用电气的首席执行官。我的客户向包括韦尔奇在内的几位公司高管进行报告，过后我的客户向韦尔奇发出邀请，说："我们找个时间共进晚餐怎么样？"据说，韦尔奇厉声回应道，"实不相瞒，我有更重要的事情要做，没有时间和你共进晚餐。"哎，这实在是太难堪了！

再次，不要和你的客户关系太近，否则你的判断就很难客观。就我而言，我确实非常了解客户，但是如果我和客户成为朋友，那通常是我不再直接为他们提供咨询服务，也不再与他们公司有业务往来的时候。

最后，不要把"闲聊"或社交与关系中的附加价值混为一谈。这两方面是相关的，也就是说你越了解你的客户，你增加的价值就越多。但不要觉得你可以买到感情。绝大多数人都能给客户买到音乐会门票，但能做到持续不断地为客户面临的重要挑战增加价值的人凤毛麟角。

增加个人价值

你与客户签订的合同中通常会明确规定你为其组织交付的价值，但如果你想开发忠诚的个人推荐者，你还需要增加个人价值。下面我将为你提供七种方法，并以提问的形式呈现。

想想你服务的一位重要客户，下面的这些事情，你多久做一次？

1. **帮助客户应对危机。** 在客户遇到危机或经历特别艰难的时期，你是否竭尽全力去帮助他们？比如，在客户需要时随时出现，在工作之余提供建议和支持，或者和他们一起研究制订短期行动计划。

2. **助推客户事业发展。** 你是否帮助他们成为更优秀的高管或领导者？比如，给他们出谋划策，建议抓住机会丰富自己的职业生涯，或是指导他们实现业绩目标、展示他们的领导力。

3. **促进客户学习。** 你是否对他们的学习有所贡献，帮助他们提升自己的知识和技能？比如，提供与其主要兴趣相符的文章和书籍，或是通过公司活动或会议使他们获得非常重要的学习体验。

4. **提升客户团队管理水平。** 你是否在团队管理方面给予客户建议？建议他/她如何发展团队、领导团队、实现团队效用最大化？比如，分享你观察到的团队发展需要，指出团队现在与未来目标之间的差距并提出改进建议。

5. **扩大客户关系网。** 你是否将他们与（你的或公司的）有价值的相关熟人联系起来，增加客户的"关系网价值"？比如，把他们介绍给另一家正在面临着同样挑战的公司或是近来晋升到该职位的伙伴。

6. **帮助客户解决家庭问题**。是否有机会帮助客户应对家庭面临的挑战，解决家庭所需？比如，为其孩子提供职业或大学选择方面的建议，帮助新搬来的家庭找到合适的社区资源，或是给家庭成员或朋友从事暑期兼职或全职工作提供建议。

7. **为客户社区和非营利事业提供服务**。你是否关注过客户社区和非营利事业？是否帮助他们为其社区和非营利事业做出贡献？比如，向他们喜欢的非营利事业捐款，为他们介绍某人，该人可以帮助他们成为非营利组织的领导或董事会成员，或是帮助他们与社区领导和非营利事业建立联系。

扩大你的关系网

最后一个开发推荐者的策略是请客户推广。有数据表明，当人们对你表达公开认可时，他们对你的正面评价就会加强。简而言之，如果客户公开认可你，随后他们更有可能会热情地支持你和你的工作。同样的道理，如果我们在他人面前公开说我们有共同的目标或承诺，我们则有更大的可能实现这个目标。这种公开行为进一步保证了我们兑现承诺。

你应该经常请你最好的客户帮你推荐。我提供过咨询服务的一家公司近期对客户进行了一项调查，请客户回答的问题是："您愿意把我推荐给您的朋友或同事吗？"有近一半的客户表示愿意。你觉得我的客户中有多少会向他们的客户寻求推荐呢？答案是并没有太多。如果客户对你的工作感到满意，也觉得和你关系很近，那么他们通常愿意做你的推荐人或提供证明。但是大多时候，这需要你开口提出请求。如果你和你的公司很成功，你的客户大概不会想到你还想做更多的业务。

如果你的请求很具体，客户的推荐可能更容易成功。可以问这个一般性的问题："您知不知道您身边是否有人需要我们提供的服务和解决方案？"但我认为在你客户的圈子里找到你想见的人才会更有效。对你客户认识的人提前做一些研究，然后你便可以这样对你的客户说："我知道您认识联合工业公司的伊丽莎白·加西亚（Elizabeth Garcia），我们为她们领域的许多公司提供过解决方案，而且都很出色，我想她们公司也一定可以从我们的服务中受益。您是否愿意把我引荐给她呢？"

另一个扩大关系、创造"支持"机会的方法是组织客户活动，组建客户群。有10年时间，我与先前公司的前任首席执行官一起组织了一个讨论如何发展客户关系的高管论坛，有时参加论坛的高管人数高达15人。我们将这个论坛称之为客户领导力论坛，一年举办两次。最重要的是，论坛会给参会高管带来巨大价值，他们之间积极分享最好的做法，探讨如何解决共同的挑战。此外，他们还经常会互相提及与我和我的同事詹姆斯·凯利（James Kelly）一起合作的经历，大家都表现得兴致勃勃。论坛明显强化了他们对我们已有的好印象。当然，即便只是一顿简单的早餐或晚餐，都可以达到这种效果。

将关键想法付诸行动

1. 如果你想与他人建立互相信任的关系,那么你就得愿意与他人分享你自己的一些事情。诸如"自我披露""脆弱性"这样的观念可能听起来有点骇人,但据可靠研究表明,它们的确能够提升他人对你的好感度,也有助于他人向你敞开心扉。我不建议你表露情感或是披露你最惨痛的失败,但你确实要表现得像一个有优点也有缺点、既坚强又脆弱的人。表现得完美无瑕或无懈可击的人,可能会给人一种冷漠无情的感觉。

2. 从你现有的这些客户关系入手,是否有某个客户你已经为他/她工作了一段时间,但对他/她仍然不够了解?如果你想把他/她作为一个有成败经历的普通人来做更多了解,接下来你会怎样做呢?或许一些最简单的问题就能让你们有一次深入的交谈,比如,"您是怎样开始从事这个工作的呢?"或"您是在哪儿长大的?生活是什么样子的?"

chapter **14**

第 13 周行动计划：与高管建立关系没你想象的那么难

你是否花大量时间与客户交流，只求想出令其满意的方案？可结果是，客户老板的想法与你相左，因此你苦心竭力想出的方案刚出世就夭折了。而你的客户躲闪着你的目光，喃喃地说着一些道歉的话："不好意思，我们副总已经决定采用其他方案了。"

在我刚工作的时候，类似的事发生过很多次。有一次我备受打击，因此记忆颇深。那次，我苦战数月，只为能赢得一位潜在客

医生，先治愈自己

　　我的第二本书出版时，我已经从达特茅斯大学塔克商学院 MBA 毕业 20 多年了。一时冲动，我决定给我班每个同学都寄去一本。

　　几天后，我的电话响了，是威廉打过来的。自从毕业后，我和他再没联系过。我对他仅有的印象是，他在纽约的一家公司做销售。他说已经收到了我的书《如何成为风云人物》（*Making Rain*），非常喜欢。而我只能问候一声："这些年怎么样啊？"毕竟我对他 20 多年的生活一无所知。

　　"挺好的。"他回道。

　　"你现在做什么工作？还在做销售吗？"我试探性地问。

　　"我现在是首席执行官啦。"他说。那可是家市值 120 亿美元的公司啊！

　　"哇哦，那是挺好的。"我愚蠢地回了句。

　　他成了我的客户，但那天早上，我的心情五味杂陈……

户。我和她分享各种想法，通过多种方式改进方案，最终撰写出了令她极为满意的方案，她也一直说这个方案"实质上"就是她要做的决策。我们甚至为这份方案定好了实施日期。但一切戛然而止，因为她老板的老板宣布要改变策略。这份我自信满满地认为已经成功售出的方案就此束之高阁。

　　因此，我发誓成为一个让高层副总向我咨询建议的人，而非那个只能听由中层经理带来坏消息的人。随后的几年里，我有意培养与高层决策者的关系。他们成为我业务量增长的引擎，并在经济低迷时期，为我保证业务量筑起一道防火墙。

　　出于种种原因，你都应该和高层管理人员建立关系，因为他们是决策者。首席高管和其他高层领导可以在没有预算的情况下拨出款项。他们关注的是收入和利润，而不仅仅是成本，因此他们很容易看到视角更广、影响更大的建议书的价值。这些高管会对策略和政策做出决策，因此，你需要充分了解这些策略和政策，然后从更广的视角阐述你的建议。这些人可以帮你清除业务中的障碍，而且金额较大的合同往往是他们批准的。

此外，另一个结交高管的原因是，他们可以把你推荐给其他高层决策者。这个原因不易察觉，却令人信服。高管团队有点类似于高管俱乐部，结交其中一人，就意味着有资格加入这个俱乐部。

通常高管并不会直接购买你提供的服务，但你仍然要了解他们，争取得到他们的支持。我从业这么多年来，结识的客户多达七位数，多数客户关系的建立都得到了高管的帮助，或是高管直接指定。

但是，结交高管可能是我的客户面临的最伤脑筋的问题。为什么呢？因为很难。高管的身边每天都围绕着一群人，推销的、游说的、求帮忙的，络绎不绝，所以他们很难接近。如果你有机会和他们见面，必须行动迅速、方式灵活、立场鲜明、勇于冒险。之后，你还必须与高管保持联系，这实际上要比首次见面难得多。

所以，本周我将分享一套行之有效的策略，帮助你更进一步结交重要的决策者。

接触首席高管

遵循以下四个重要策略，我成功地接触到了一些高管。我的客户在实践这些策略后也取得了不错的成果。前三个策略需要一定的时间，但如果能成功，它们的作用会持续多年。第四个策略——与当前客户一起提升，会很快奏效。

1. 因人结交，而非因其职位结交

当我遇到一位与我合作时间最长的客户时，他还只是一家银行的经理。当时我才 28 岁，而他 40 岁。我并不是他信任的顾问，当时我的老板，也就是我以前就职公司的首席执行官，才是这位客户信任的顾问。但是，我的项目完成得很出色，我也因此和那位经理熟识。虽然后来我们的工作都有变动，但一直保持联系。他时不时地会将我引荐给其他客户，而且在我自主创业时，他也非常支持我的研究和方案。他最终成为其所在银行的首席执行官，后来又成为收购他公司的全球金融机构的高管。最终，在大约 30 年时间里，他成了两家主要公司的首席执行官或董事长。

简而言之，我今天认识的许多高管，在我初次见到他们时，他们并不是公司的首席执行官或业务部门负责人。但是，我依然继续和他们发展关系，保持联系，依然给那些为他们提供的服务事项增值，并且始终出色地完成他们交给我的工作。因此，第一个策略是因人结交，而非因其职位结交。

我有一位客户是一家位列财富 50 强公司的法律总顾问。她说，在她担任副总顾问时，所有大型律师事务所和会计师事务所都对她不闻不问，只顾着和结识总顾问，也就是她要向其汇报的上司。那些事务所总是邀请总顾问参加其公司赞助的高尔夫旅游，对他无比热情。但是,当她晋升的消息见诸媒体时,这些事务所的电话纷至沓来,所有人现在都想和她开展业务。但她是怎么回应的呢?她问他们每个人:"五年前你在哪儿呢?"这真令人唏嘘!

现在,我相信你肯定认识许多处于职业生涯初期的人。他们中的一些人将来会成为重要企业的高管甚至是首席执行官。如果你现在和他们处好关系,那么当他们升职后,你不仅可以联系到他们,而且你们还能像老朋友一样相处,毕竟彼此认识已有多年。

因人结交,而非因其职位结交。与聪明有趣、满怀抱负的人建立关系,在你的整个职业生涯中一直与他们保持联系,那么不知不觉中,你会与关键决策者建立起一段互相信任的关系。由此可以得出结论:在需要他们之前,要先投资,与他们建立关系,否则就像你想在当地银行取钱,可账户余额却是零一样。

2. 工作出色

有一年夏天,我因为网球打得太频繁了,右臂得了严重的肌腱炎,一年多也没见好转。由于当时我们住在新墨西哥州圣达菲市,我不得不咨询当地的几名骨科医生,他们都建议我做手术。但是,当我问他们做过多少次这种手术时,他们的回答是最少的做过5次,最多的做过12次,这也就意味着他们在这种手术上的经验还不够丰富。经过各方面查找,我终于在旧金山找到了一位有名的外科医生,他治疗过很多我这种情况的肌腱炎,手术就是把我的伸肌腱从骨头上剥离。中间的过程略过不谈,术后两周,我一点儿也不疼了,右臂也灵活如初。外科医生格伦·普菲弗(Glen Pfeffe)博士的手术非常成功。

你看，像你和我这样的普通人，都会竭尽全力找到最专业的人来做关键的工作（比如医生、会计）。不难想象，对于拥有大量资源、巨大关系网和大量员工支持的首席执行官来说，他们是不是更能并且会去寻找他们专业领域的杰出人才？

你想得到高管对你专业工作的认可吗？首先你的工作确实要做得十分出色。相信你肯定已经明白这一点了，不需要我再多说。但是，真知灼见并不一定会转化为有效行动，没有人可以在短短几年内精通某事。若你只是一知半解，那么你也不可能出类拔萃。

为什么我要提这点呢？因为我们的主流文化不断地试图推销着这种观点——"30天包你成功"。语言班吹嘘着"三周会说法语"；YouTube网站上的一个视频里吆喝着"三个月让你月净赚1万美元"，介绍如何用金钱买来专业技能……这些即时成功的虚假内容潜移默化地给我们洗脑。顺便提一下，我能说四种不同的语言，尽管并不是每种语言都讲得很流利，但我很清楚根本不可能只靠听播客就能在三周内学会法语！

再举个例子吧。有个销售主管曾经跟我说，有一次她的团队招聘了一个应届生，她让那个应届生坐下，然后和他说她打算让他负责一个重要账户。这工作对没什么经验的人来说可是个天大的好机会！可是应届生的反应是什么呢？他说："嗯，实际上，我想做您的那个工作，负责很多客户。"真的不是开玩笑，我还听过很多这样的事情。总会有一些人做着本末倒置的事。记住：千万不要成为这些人中的一员。

你如何能知道自己工作确实出色，并且已经得到认可，可以帮助你结交高管客户呢？你可以根据以下几点进行判断。

- 你可以和客户建立并且保持良好的关系，他们会热心为你提供推荐信和证明信。
- 你可以用私人认可（如推荐信）和/或公司认可（如书面证明）展示你的专业水平和为客户工作的成果。
- 你的业务一直在增长。
- 在你的所有业务中，主动找到你或他人推荐的客户的比例一直在增加。
- 客户见你之前在网上搜索你的名字时，可以获得很多信息，他们搜索的信息包括：你撰写和发表的文章；与你专业知识有关的演讲；你加入的专业或非营利组织；你接受过的媒体采访或是与专业领域内其他思想领袖的谈话；等等。
- 当你写博客或是在领英上发帖时，浏览和阅读量很高。
- 记者进行与你专业相关的调查时，你的名字会作为专家出现。

你不必在第一份工作只工作一年后就做到所有上述内容。不过，如果你已经工作10年或15年了，那上述很多内容你都应该做到了。

3. 像高管一样思考

如果你想与首席高管或是其他高管建立关系，就必须像他们一样思考，形成战略性思维方式（请参阅第11周的"全局思维"），从公司全局角度为客户解决问题（请参阅第8周的"重构问题"），还要做个"资深全才"——既有一技之长,又见多识广。

我可以再说详细些。与高管会面,你必须提升思考层次,拓宽视野。也就是说,你应该做到以下几点。

- 重点关注如何让你的方案能够对领导经常面对的一些重大常见问题产生影响,例如:招聘和培养人才;开发新的商业模式以应对一系列挑战,比如技术突破、收益和利润增长、创新、文化、成本控制和风险管控等。通常,只要能应对以上挑战的任何见解或想法都会引起他们的注意。
- 谈谈投资可以带来的收益,以及你的方案如何有效帮助其他面临相同挑战的客户渡过难关。不过,不要详谈你采用的方法。
- 强调你的方案能给他们全公司带来的影响。告诉可以做出5000万美元预算的高管,你可以为他们节省75 000美元,这并不足以吸引他们的注意力。一家大公司的首席人力资源官最近告诉我:"要在我的日程中留出和你会面的时间,你需要和我谈论的应该是会影响我们大部分员工的事情。"

多年前,一个朋友带我坐他的船捕鲨鱼(这件事放在今天我绝对不会做)。为了捕到鲨鱼,我们先用小鱼钓个头儿中等的鱼,然后再用这些鱼当诱饵吸引鲨鱼,这就是所谓的"鱼饵效应"。为了真能捕到鲨鱼,我们还在超大鱼钩上挂上了大块鱼肉当诱饵。

你无法用小鱼钩和小鱼钓到鲨鱼。同理,如果你想让自己的作品和言论吸引领导注意,就要选择能应对他们面临的大挑战的大话题。

4. 提升地位

和首席高管建立关系最快、最好的方法之一就是提升自己在客户公司中的地位。毕竟，比起不认识的潜在客户，接近他们会更容易，因为你已经为其公司工作，他们自然更愿意听听你的观点。

因此，努力与你现有客户的高层决策者建立关系。但是，当你绕过日常打交道的客户，与其上司建立关系时要非常谨慎，不然会影响或破坏你们之间的关系。绕过中层经理在理论上看起来是一个很好的策略，但是在实践中往往适得其反。首先，可能会使原本信任你的人不再信任你；其次，高管会想："为什么他们不和我的团队——每天一起工作的人来做这个呢？"这是一个危险信号。因为从高管的角度来看，如果你与他们的团队关系很好，难道这些人不会引荐你吗？

通过以下三个关键时刻，你可以提升自己的地位，并与客户高管建立关系。

第一个时刻：推销过程中。始终要求和客户公司的高管面谈，还要坚持和客户公司能做出签约决定的出资者或决策者面谈；尝试界定整体问题及整体解决方案，因为这可以显得你的工作更加重要；最后，要使你的方案契合高管所在公司的整体议题。

第二个时刻：项目启动时。当你启动项目时，向客户阐明了解主要高管想法的必要性。和客户说明你"最有效的做法"就是在项目启动或合同执行前与高管面谈，在项目的主要利益相关者方面达成共识，并在项目实施过程中创造机会与他们就项目进行交流。

第三个时刻：项目交付期间。履行合同时，要多了解高管的想法，获得他们的支持。利用与客户在现场交流的机会四处走动走动，和其他高管认识认识。还要多找机会和客户公司的其他人分享你正在进行的工作，例如在公司的发展规划会议、异地团建和董事会议等重要活动上。

为时间增值

谈及聘用外部顾问，中层管理人员要的是物有所值，而高管注重的则是时间价值。当然了，他们也要求物有所值。但是，如果在面谈时不能为高管们时间增值，就永远不可能和他们结交。

好好想一想：对于大多数高管，一天内想和他们见面的人比实际见到的人多两倍不止。凭什么他们要留出时间见你？肯定得有个无法拒绝的理由，让他们愿意从无比忙碌的一天里腾出一些时间和你会面。

如果还想受邀第二次、第三次甚至第十次见面，那么你必须在会谈过程中做一个给时间增值的人。

以下九种方式可以助你在和高管会面时给时间增值。

1. 要契合他们的议题。许多高管跟我说过以下类似的话：

> 你的产品也许很出色，想法也很绝妙，但是别忘了，我最近一直在努力解决公司几个关键的优先事项。我们制订计划和预算时，这几个问题一直没能解决。所以坦白地讲，如果你要谈的不是帮我解决这些问题，那么我是没什

么兴趣听的。

　　客户当下最重要的三到五个优先事项、需求或目标是什么？如果你说的内容和这些搭不上边，那就是白费功夫。

　　此外，还要试图了解高管们的当务之急，近期的紧急事件和活动经常会打断高管的长期议题。不要只关注他们最高层面的长期目标，否则你会错失帮助他们解决本周遇到的紧急事件的机会。

2. **对公司外部事务提出见解**。举个例子，你是否提供过一些有价值的信息，或有关业务发展趋势、顾客、市场和竞争者的看法？或其他客户如何运用你的方案取得了成效，节省了资金或得到了政府的政策支持？

3. **对公司内部事务提出见解**。你能否根据对客户公司和员工的了解提出你的观点？你能否说："我们已经与您的员工合作了六个多月，想分享一些想法来解决您面临的几个重要挑战。"

4. **坚持己见**。对问题有独到见解并且思考缜密的人能够吸引高管的注意，赢得他们的尊重，平淡无奇不会给人留下深刻印象。要积极表明自己的立场。当然，你不会永远都正确——没有人会永远正确。但是，相比展示自己的缜密思考、坚定立场以及提出重要问题进行探讨，观点正确与否已经不那么重要了。

5. **好比一首好歌，开头就要十分惊艳**。你只有几分钟的时间吸引高管的注意，让他们有兴趣继续和你谈下去。想想滚石乐队的那首《我得不到满足》（*Satisfaction*），歌曲以基思·理查德（Keith Richard）的吉他弹奏拉开序幕。还有美国著名女子歌唱组合"至高无上"（The Supremes）的那首经典歌曲，开篇就高喊"停下来，以爱的名义"。这些歌曲的开头吸引着你听下去。

6. **你能以不同方式描述问题吗？**（有关如何做到，请参阅第 8 周的内容。）领导的一个重要工作就是确定公司需要关注的一些关键性问题，并正确界定它们。

7. **敢于说"不"，敢于质疑高管**。我曾经采访过一位高管，他说过："在公司内部，很难找到真正敢质疑我的可信顾问。"做一个偶尔能说"不"的人，即便说"好"能给你带来经济利益。

8. **证明你没有浪费他们的时间**。不要把时间长与质量高相混淆，如果你可以帮他们的一天更有成效，或 45 分钟就可以结束别人需要花费 1 个小时的谈话，那必定会让他们印象更加深刻。

9. **在各方各面增加价值，不论大小**。你能想出新方法解决老问题吗？你能给他们引荐重要人物帮他们扩大关系网吗？你能通过某些方式提供个人帮助？你能提出一些建议帮他们团队提升工作效果吗？你能为他们审查计划或是建议书吗？

为时间增值是与首席高管建立持续关系的秘诀，这会让他们有更多事情寻求你的帮助。你们交谈结束后，他会想："这个交谈有意义，我有所收获，我会再找他谈。"

维持关系

一旦成功与高管接触，你需要有意去建立关系。通常情况下，你不会有太多机会和他们见面，因此必须自己创造再次见面的机会。

对于现有客户，你应该尝试和他们经常见面来保持联系。技巧是让他们对谈话内容感兴趣，使他们有所启发。你的见解要独到，否则高管会委派他的下属来见你。

我有一位客户是一家财富100强公司的高级审计合伙人。在与新客户建立关系之初，他会对财务总监说："我想每月与您共进两次午餐。"财务总监都会说："谢谢，不用了，实在没必要这么频繁地见面。"但我的客户会坚持："我们先试几个月吧，如果您还是认为我们的谈话没有意义，我们就不这样频繁见面了。"他说他的公司会为每次见面精心准备，为每次谈话增加大量价值。短短的一两个月之内，财务总监通常都对午餐会面非常满意，甚至将其定为例行会面。

每段关系都不相同。以下方法可以助你和客户长期保持联系。

- 首先，确保清楚客户议题中的主要工作重点和年度目标，这样便于你以对他们有意义的方式和他们保持联系。
- 有时候，可以找出客户最感兴趣的一些具体问题，分享你对这些问题的观点，整理研究成果，并想出最佳方法去解决问题。
- 偶尔给顾客发一些精心挑选的文章或书籍（也可以是你写的作品），并用一两句话解释为什么这篇文章或书籍与他们有关，以及他们可以从中学到些什么。
- 向你的另一位高级客户介绍他们。
- 把采访他们作为你正在进行的研究项目或是撰写的文章的一部分。
- 如果对方是现有客户，尝试让他（她）参与你目前为他们公司开展的工作。例如，在一个项目中，我询问客户是否可以采访他们的首席执行官，请对方谈谈其经历，并对其采访进行录像。之后，在我为他们公司高管开展工作坊时，就使用了录像片段。
- 经常和当前客户分享你对工作进展的看法，以及你发现的其他改进机会。这些想法不必"惊人"。最理想的是进行一次面对面的交流，比如喝个咖啡，这比共进午餐或是晚餐要轻松一些。如果不能与其面谈，可以发送一封简信。
- 邀请高管参加公司内部活动，这样他们可以和同一级别的其他高管交流。

即使很多高管不会直接采用你的解决方案，但与他们建立关系依然十分重要，因为他们可以推动你的业务增长，扩大你的影响力，提高你的知名度。

还有一点尤其要记住：与高管面谈，必须要成功，而非过得去就行。如果你求稳，竭力不犯错或避免客户不悦，你就不会给他们留下深刻印象。你必须要成功，这就意味着你要胸有成竹，坚持己见，增加价值，多问引人深思的问题，敢于挑战现状，并且勇于对客户意见提出异议或反对意见。

接下来，在第14周，我将分享另一个策略，来助你和首席高管们建立联系：成为一个吸引人的人。

> **将关键想法付诸行动**
>
> 接下来，最重要的一步是选出两到三位你想和他们发展关系的管理者，分别为他们制订一份计划。你首先要做的事情是必须充分了解他们最重要的三到五个优先事项、需求及目标。
>
> 为帮助你避免犯错误，以下介绍一下我看到的人们在和高管见面时容易犯的11种常见错误。
>
> 1. 管理者过早地让其他资历较浅的利益相关者参与进来，由于这些人感到自己的利益受到了威胁，因此会给你的工作设置障碍。
>
> 2. 会面时试图谈及太多议题（一般来说最多三个）。
>
> 3. 太过依赖PPT或是其他书面材料，不能与客户进行可信、积极的交流。
>
> 4. 说得过多，导致客户说得过少。
>
> 5. 会面时不去努力和高管建立关系，了解他们的议题，增加价值，吸引他们的兴趣，从而争取再次会面的机会，反而试图推销自己的产品或服务。
>
> 6. 问题毫无新意，太泛泛，老调重弹。
>
> 7. 谈话内容没能契合客户议题的主要优先事项。
>
> 8. 切入主题过慢，致使客户失去兴趣和转移注意力。
>
> 9. 只注重说明（陈述公司的业绩数据或是解释工作方法

等），而不是展示（简短分享客户实例或是最佳业务实践等）。

10. 缺乏自信，走路时像是对方的下属，这些可以从你的说话用词、肢体语言和整体态度中表现出来。

11. 乏味无聊，不能给人留下深刻印象。客户每天见人众多，要想给其留下深刻印象，就必须脱颖而出。

chapter **15**

第 14 周行动计划：如何做到吸引关键决策人——公司高管

人人都想与高层决策者和其他有影响力的人建立关系，但就像我在第 13 周指出的，要想预约与首席执行官见面，其难度就如同在曼哈顿最时尚、最热门的餐厅预定一个桌位，如果没有关系或不是名流，几乎是不可能的。因为我曾为许多首席高管提供咨询服务，所以我知道他们的日程安排非常满，想见他们的人络绎不绝。

我们试想一下：如果情况反过来呢？如果高管主动找你会怎么样？当你打电话与他们预约，如果他们欣然同意，并愿意为你腾出时间会怎么样？这是什么感觉？这又会对你的事业有什么影响呢？

这是白日梦吧？不是，你可能不会像著名辩护律师马克·杰拉戈斯（Mark Gerargos）或是日本整理收纳达人近藤麻理惠（Marie Kondo）那样闻名遐迩，但你绝对可以增强自己的吸引力，我把这称为"成为首席高管感兴趣的人"。

那么你如何成为吸引高管的人呢？首先，高管在考虑与顾问或服务提供者建立密切关系时，他们终究会看这些人是否具有三个主要资本：你懂什么，你认识谁，你是谁。以下我会介绍每一个资本，提供相应的策略。

你懂什么

吸引高管的第一个资本是你懂什么。如果我是一位首席执行官，我将要举办一个年终高管会议，我要选谁来发言？是选那个自称是领导力培训教练却无人知晓的人？还是选那个为多家知名公司提供咨询服务，写过一本关于领导力的畅销书的人？

高管会找有资历的人，他们会根据客户类型及其自身背景和品位寻找具有不同资质的人。例如，他们可能会找写过多篇文章或是写过一本书的人、吸引蓝筹客户的人、由信任的另一位高管亲自推荐的人、顶尖学校毕业的人、在重要会议上发过言的人，等等。

但高级客户想要的不仅仅是精深的专业知识。回想一下我在第

第 14 周行动计划：如何做到吸引关键决策人——公司高管

11 周使用的术语"资深通才"——兼有专业深度和知识广度的人。如果我是一个高管，管理一个主要职能部门或业务部门，那么我会需要专家。但是我希望我最信任的顾问们专业知识更精深、更广博。通常，我们将这种特性称为"业务敏锐性"，这种特性难以表述，但作用极大。

业务敏锐性囊括了以下五个特质。

1. **专业内行**。如前所述，高管们想了解你是否真的是自己专业领域的专家。
2. **经验丰富**。客户要确保你曾多次处理过相同的问题，经验丰富，特别是在解决客户所属行业和／或工作领域的问题方面经验丰富。
3. **视角宽广**。大多数高管都喜欢了解不同业务部门之间的相互关系的顾问。高管们用这样的词语描述这一特质："全局观""从全公司视角""综合考虑我遇到的问题"。
4. **准确的判断力**。在处理问题时，客户面临着比以往更多的战略选择和经营方式选择。如果你能展现出自己的实力，对不同方案进行评估，帮助客户正确地做出艰难决策，那么客户会将你视为非常重要的伙伴。
5. **敏锐的洞察力**。洞察力是指一种强烈的感知能力。具有敏锐洞察力的顾问能够清晰看清问题，辨别优劣。这种洞察力能够帮助你解读数据和信息，进而帮助你分析客户的问题。

你认识谁

高管通常是兼收并蓄的，喜欢与其他有趣的人交往、他们的交际网非常广如果你看起来也交友广泛，并与知名人士熟识，那么他们会对你产生更大的兴趣。我个人非常喜欢广交朋友，不论他们是否和我是同一专业领域的，我也因此从中受益良多。我经常会向客户介绍与他们有某种关联的人，这些人或者可以帮助客户解决问题，或者会对他们有所帮助。我将这种行为称为增加关系网价值。

你是谁

我一直认为高管关注的是你是什么样的人，你的个性对他们来说很重要。我说的"你是谁"，包括你的行

你有首席高管的那种自信吗

一位非常成功的首席执行官猎头曾经给我讲过这样一件事：一位求职者来应聘一个高管职位，猎头在办公室的接待区观察了这位求职者，最终没有录用他。他说："这个求职者在接待区待了不过几分钟，可就在这几分钟里，他一直静静地坐在沙发上，眼睛盯着地板。这个动作立刻告诉我，他可能没有首席高管的思维方式——他缺少与工作职位相匹配的自信。未来的首席执行官不会坐在那儿等，而是会站在那儿。只有这样，在你去叫他到办公室面试的时候，他们才不会处于矮人一截的位置。大多数的首席执行官应聘者都会站着等，这个做法甚至不是经过事先思考的。当我走出办公室，他们站在那儿，我们彼此平视，关系也在这样同等的层次建立起来。"

这不重要吧？不，这很重要。客户会观察行为上的微小细节，并通过这些线索立刻做出判断。

为、价值观以及信仰,甚至你的人生观。

每个人或许都会在意其业务伙伴的价值观。一位中层经理或采购主管显然不愿意与缺乏诚信的人有业务往来,但相对于你的个性特点,他们会更加密切地关注你完成特定任务所需的专业知识和能力。

首先,列出首席高管的一些特质,包括自信、勇于挑战、行动导向。其中,行动导向是指专注实际可行的方法,而不是书本上的理论。走进首席高管的房间时,你一定要自信,保持一个与其平等的姿态。你能否将自己的经济利益或情感利益搁在一边,总是选择你认为能使客户利益最大化的做法,哪怕为此失去这个业务?

其次,客户需要尊重你的价值观和信仰,并对此放心。这并不是说你一定要和客户有相同的价值观和信仰,但你为其服务的高管确实想了解你的坚守。

你的价值观和信仰应始终包含诚信,因为诚信对赢得客户信任至关重要。但价值观和信仰不只包含诚信,还包含什么内容并没有严格的规定,这因人而异。高管关注的可能包含以下几点:

- 行动倾向;
- 远大志向;
- 真实可靠;
- 乐于助人;
- 奉献精神;
- 忠诚不二;
- 积极向上;

- 关系导向；
- 风险意识。

你不可能为了迎合客户而创造出与其相匹配的价值观和信仰，但你可以坦诚地表达你的立场和你看重的事情。简而言之，你要让客户清楚你是什么样的人。

如何成为吸引高管的人

以下六条策略可以帮助你达成以上我们所说的三点，即你懂什么、你认识谁以及你是什么样的人。

1. **拓展知识宽度，锤炼专业技能**。"资深通才"通常掌握一种核心的专业技能，且对客户所处的商业环境有更全面的了解。资深通才能立足全局视角，更好地运用其专业知识解决客户问题；他们知识广博，能够融会贯通，这是知识面窄的专业人士所无法企及的。

2. **培养自己的思想领导力，即看待问题的视角、洞察力和想法**。如果高管们要选择一位专家，他们不太可能选择本地还算优秀的人；相反，他们会选择行业中声望很高的专业人士。

3. **成为专业领域内举足轻重的人**。要成为这样的人，你不能故步自封，要多与同一专业领域的人沟通，还要广泛阅读专业领域的书籍。如果客户认为与你交谈能了解市场的最新动态，或是公司、市场、高管发展、行业趋势等方面的最新消息，那么他们总会抽出时间与你会面。

4. **培养兴趣**。很多首席高管都对自己生活的方方面面,包括工作和家庭充满激情。与高管客户共进晚餐时,你更有可能与其谈论工作之外的生活。

5. **建立广泛的关系网**。如果你人脉广博、结交的人位高权重,这会帮助你塑造你在客户心中的形象。你的首席高管客户想结识的人你是否认识?我建议你加深与10~25个主要利益相关者的关系,这有助于你的事业发展,但不要忘记"弱联系"理论[参阅社会学家马克·格兰诺维特(Mark Granovetter)的著作]。认识你圈子外的人,将你与其他关系网联起来,这对你意义重大。

6. **培育、展现并表达自己的核心理念和价值观**。你有没有静下心来,试图去明确哪些东西对自己真正重要?无论是事业上的,还是个人生活中的。首先,你要做的是弄清楚这些,然后在与客户的日常工作中体现这些理念。如果你自己都不知道自己在坚守什么,那客户更不会知道。

不断磨炼所做之事

在写这本书时,我正在学习用古典吉他弹奏约翰·塞巴斯蒂安·巴赫的《沉睡者醒来》(*Sleepers Awake*)。曲谱看起来很简单,但出于各种原因,学起来很是费劲。如果你不知道曲谱,可以去查,然后去听。不去思考自己在做什么,只是一遍又一遍地弹奏这首曲子,这实际上并没有使我有所长进。这样做虽然有助于加深记忆,但并没有提高演奏技艺。于是,我不得不把曲子分解成若干小节，然后单独练习最难的小节，练习时不得不保持注意力高度集中。因此，我把手机调成静音，使自己完全沉浸在音乐中。

但这样做我缺少一个关键的要素——反馈。现在我没有老师指导，说不定我在一遍遍地弹错同一个音或一直存在指法错误。但如果没有一个独立的观察者给我反馈，我就会一直犯同样的错误。

听起来很熟悉吧？只是重复做一件事情并不意味着你会越做越好，比如分析客户的一个常见问题。如何提高与客户会面的效果呢？这就需要获得他人的反馈，可以是客户本人的反馈，还可以是与你共事的同事的反馈。

刻意练习可以稳步提高技能。心理学家 K. 安德斯·艾利克森（K. Anders Ericsson）最早提出了"刻意练习"这个概念，其核心思想是提高技能依赖于练习的质量和意图，而不仅仅依赖于练习的次数。如果你不知道这个方法，那你需要予以重视，并加以使用；如果你已然了解这个方法，那这部分就作为一个简短的复习。

以下是通过刻意练习实现的核心学习要素。

1. **分解剥离**。优秀的表演者会将几个特别的方面从所做的事情中分离出来，然后反复练习直到有所提高。例如，你可能会反复练习和润色演讲的开场白，为的是使演讲更震撼，更有影响力；网球运动员可能会一遍又一遍地练习发球时的一个动作，比如抛球。

2. **重复训练**。考虑周全、精力专注，这样的重复训练对提高各方面的技能至关重要。重复训练非常普遍，例如，军事特别行动小组在作战部署之前会对某项特定任务演练数十遍，这一行动原则是从我儿子那里学到的。我儿子在特种部队服役了十多年，参加过数次艰苦的作战部署。他曾和我说，在战斗中，不是临危不乱，而是全凭平时训练达到的程度。顺便说一下，这些特种部队不只是训练，他们还总是进行事后评估。行动小组事后会一起仔细评估进展顺利的地方，反思本可以做得更好的地方。在工作和生活中，我们多久会进行一次这样的事后评估呢？

3. **获得反馈**。很多人都在"练习"，有些人甚至多年来一直都在练习，但他们却没有太大的进步，因为我们需要老师或者教练的客观反馈，他们能够告诉我们哪里做得不对以及如何改进，否则我们就会在工作中养成坏习惯。高管教练兼畅销书作家马歇尔·戈德史密斯将该种现象称为"管理迷信"。成功人士经常在一些事情上做得很差，但总体来说，他们做得好的事情足够多，因此他们比普通人成绩显著。但问题是他们无法辨别出自己的强项和弱项，所以他们将自己的成功归因于某些无效的练习，就像摸兔子脚会带来好运一样。

4. **应对挑战**。要想做得更好，你就需要逼自己再努力一点，去应对更大一点的挑战。我使用了一个名为 BrainHQ 的线上训练平台，这是一个基于前沿神经学的思想训练平台，可以提升你的核心认知技能。这个平台的一个特点是，随着你练习的深入及技巧的提升，练习的难度会自动增加，直到你觉得你再也应付不来为止。只有这样，才能让你大伤脑筋，你的大脑才会开始建立新的神经连接，形成新的能力。如果在工作中，你不逼迫自己接受具有挑战的任务，那么你的技能就不会得到提升。

5. **集中精力**。要想改进，你就必须全神贯注于正在执行的任务。不要去想可以同时开展多个任务，这确实令人神往，却无法实现！同时进行多个任务简直是一派胡言，因为这样做不仅低效，而且无法充分发挥大脑的作用。只有高度专注和长期反思才能高质量地完成工作，激发创造性的想法。

6. **提升元认知能力**。你是否见过同事在做个人展示时未能察觉到听众传递的信号？他们没有对听众传递的信号做出回应，而是像一台没有"关闭"开关的自动弹奏的钢琴，一直不停地演奏。因此，元认知是掌握任何事物所需的一项重要技能。与普通人相比，高成就者能够在展示过程中观察自己和周围发生的事情，然后以此来调整自己的行为和策略。要做到这一点，你需要有这种意识、自信、庄重以及高超的技能。

使用以上这些方法，你也可以成为一个吸引高管的人。但如果你认为自己已经让高管非常感兴趣，那么我要祝贺你！但不要骄傲，我打赌，你还可以做得更好。

将关键想法付诸实践

首先，评估一下目前客户对你感兴趣的程度。如果用数字 1~5 来评级（1= 很不感兴趣，5= 非常感兴趣），你会处于哪个级别？（注意：对于如何评估感兴趣的人，我在《客户成长手册》中提供了一个结构更清晰的评估方法，登录 andrewsobel.

com/growth-workbook 可以免费下载该手册。)

你懂什么：

- 专业领域知名；
- 业务敏锐性高。

你认识谁：

- 人脉广。

你是谁：

- 具有首席高管一般的行为举止；
- 展现和表达自己的价值观和信念。

然后，选择今年可以做到的两三件事，让客户对你更感兴趣。比如，你是否可以：

- 参加一些可以提高你的知名度和认可度的活动；
- 努力认识更多不同领域的人；
- 选择一项技能或行为，通过刻意训练去提升或改进，包括从你信任的人那里得到客观的反馈；
- 培养工作之外的个人爱好或兴趣。

chapter **16**

第 100 天：复盘——永远留住客户的诀窍

保持联系的魅力

几年前，我接到了一个老客户的电话。我们已经五年没有合作了，虽然我们会定期联系，但看不出还有什么能促成我们再次合作的缘由。那么，他为什么打电话给我呢？原来，他刚刚读了简报上刊登的我的文章《客户忠诚度》(*Client Loyalty*)，想要跟我讨论一个项目。他公司正面临一个迫切需要解决的难题，而我那个月的文章恰巧与之有关。

原来，我们没有合作的那五年里，他一直在阅读我的邮件时事通讯主题板块。偶尔有感兴趣的，他便打开邮件读一读。现在，他的关注点终于与我探讨的主题契合了。那个月我选择的主题和文章中的观点正好符合他的主要需求。

多年来，一些客户似乎不看我的文章，过去我常常为此感到难过。但总有人会在很久没联系后再次联系我，多次经历了类似的事情之后，我意识到有某种特别强大的东西在起作用。

我将其称为销售雷达屏理论，即你需要待在客户的雷达显示屏上。当他们需要你的专业知识时，你必须是他们第一个想到的人。或者，正如一个客户曾经对我说的那样："大坝决堤时，你必须在现场。"

因此，你要以有意义的方式与现有客户和以前的客户保持联系。定期将你的想法，也是你的价值，展现给他们。如果你想长期留住客户，那么这样做很重要。

对待老客户像新客户一样用心

我曾采访过一些高管，当问及他们更换供应商的时间时，他们总是会这样说他们现在的供应商：

- "他们很自满，认为我们的业务给他们做是理所当然的。"
- "他们不再努力工作，最近，对我们的要求都不能做出及时回应。"
- "其他一些公司拜访过我们，还承诺提供更多附加服务，他们竟

第100天：复盘——永远留住客户的诀窍

然不是我们的供应商！"

■ "工作中总是有点儿小失误，并且还不断地更换团队成员。"

"自满"这个词可以用来总结这些高管的主要观点，它是成功专业人士的宿敌，我一次又一次地看到自满的出现。如果客户关系不是在改善，那么它通常是在变得更糟——尽管我们经常看不到恶化。虽然维持业务关系和个人关系的动因差别很大，但自满对二者的破坏力具有显著的相似性。想想看，当一方或双方不再努力时，婚姻和合伙关系往往会破裂。同样，当他们不再像以前那样彼此关心时，当他们认为对方所做的都理所当然时，双方的关系往往很难维系。

虽然婚姻是一个复杂的话题，但我坚信成功的关键之一是把你的配偶或合伙人当成新婚对象。当你向某人求爱时，你会经常想起对方，你会给他们准备特别的礼物，你会告诉他们，他们对你有多重要，你想让他们看到你最好的一面，你既耐心又宽容。但随着时间飞逝，10年或20年过去了，这些对对方满是关心的做法越来越少了，取而代之的是整日忙于常规琐事，只关注自己。

简而言之，在与客户第100次会面时，你依然要保持与其第一次会面时所具有的热情，向对方表达你的新想法，表现出你对他的关注，以及希望发挥自己作用的愿望。如果这样做，你会大大地增加留住客户的概率；如果你不这样做，他们为什么还要继续与你合作呢？

摆脱"以我为中心"的态度

"以我为中心"的态度无助于吸引客户与你建立长期关系，虽然这种态度确实能让一些人在短期内获得成功，但这种方式很肤浅。一个更好、更有影响力的方法是以你/我们为中心。

基于我的研究和个人经历，我发现了六种个人品质尤其有助于建立值得信赖的客户关系，它们使你能够在与客户合作过程以及历经不可避免的顺境或逆境时，仍能保持沉稳。这六种个人品质如下。

1. **保有好奇心**。好奇心驱使你渴望学习知识、了解他人，激励你提出有意义的问题。如果没有好奇心，那么你就无法真正地感同身受。对别人缺乏兴趣会让你看起来很自满，甚至很傲慢。

2. **善于倾听**。善于倾听是难能可贵的技能，善于倾听的人会真正听到客户在说什么。他们提出问题，然后倾听、确认、综合分析，并运用所学专长提供解决方案。

3. **慷慨大方**。如果你慷慨大方，你就会表现出愿意付出，而且付出的比他人预想的还要多。慷慨是一种具有吸引力并令人愉悦的品质，它会让对方加深对你的信任、增加对你的喜爱。如果说信任是促进与客户关系的润滑剂，那么慷慨就是增进与客户关系的助推器。

4. **有耐心**。我们身边的事很少会按照我们希望的时间表发生，耐心会让你省去很多烦恼和愤怒，因为没有事情会像我们希望的那样迅速、利落地发生。与客户一起工作时，你可以把自己想象成一个园丁，你需要有足够的耐心，需要投入时间和精力来种植健康的花卉和蔬菜。例如，目前在与我合作最多的客户中，有两个是在我们第一次会谈之后，分别用了一年和三年的时间才最终选择与我合作的！

5. **谦逊自信**。自信加上谦逊的态度对客户很有吸引力。相比之下，自负则令人厌恶。作家 C.S. 刘易斯（C. S. Lewis）在提及遇到一个谦逊的人是什么感觉时，曾这样描述："也许你会认为谦逊的人是一个开朗、聪明的人，对你说的话很感兴趣……他不会考虑谦逊的问题，因为他根本就不会想他自己。"

6. **关心他人**。客户想知道你是否关心他们和他们的生意。当你真正关心他们所遇到的问题、他们想要实现的目标和正在经历的事情时，你对他们的关心会把你们的关系提升到另一个层面。如果你不关心客户，那么你的专业知识和解决方案都是空洞无力的。你的专业知识和解决方案虽然可以使你完成一笔生意，但这种合作往往是短期的，不会与客户形成长期合作关系。

这本书里的很多观点都是关于你应如何与客户交往，以及如何为客户服务的。但如果你的本质不可信赖，那么这些策略就像是纸牌屋一样不牢固，终究会失败。如果你没有这些品质，比如好奇心、慷慨大方、耐心、善于倾听、谦逊自信和真心关心他人，那么你的专业知识只能带你走这么远，你无法与客户有更多的业务往来。如果你具有这些品质，你会怎么样？

终极秘籍

为了写第一本书《终生客户》，我进行了大量调研，采访了很多首席执行官，了解他们最信赖的顾问和服务提供商。其中一位是查克·里利斯（Chuck Lillis），他当时是有线电视公司 MediaOne 的首席执行官，但这家公司后来以 640 亿美元被美国电话电报公司（AT&T）收购了。

我问过查克他在聘请顾问时会要求顾问具有什么品质，他的回答坚决有力："我希望我所有的顾问都经济富足，不依赖于从我们这里获得收入。"我说："你能说得更详细一些吗？"

他解释道："我要知道顾问给我的建议是完全客观的，不掺杂任何经济方面的顾虑。他们总是很坦率，勇于告诉我需要听的事情，而不是他们认为我想听的事情，他们要一直将我的最大利益放在心上。"

可能你现在还没实现经济富足，从客户那里赚取佣金对你来说还很重要，但即使你依然要为生存而工作，你也可以拥有可以实现经济富足的思维方式。怎么做到呢？方法就是，做事时就像你已经非常富有，不在乎为客户服务的经济所得。如果你这样做，你的行事方式会让客户喜欢你。你会推延执行甚至拒绝客户的想法或建议，不去关心可能给自己造成的经济后果；你也会心甘情愿地培养与客户的关系，花时间了解客户的业务。从专业角度来说，你可能会乐于尝试更多的新事物，因为你并不会害怕失败。我还认为，你会更执意地说出客户的真正问题，并为你的工作收取合理的费用。

第100天：复盘——永远留住客户的诀窍

但是你怎么才能展现出这种思维方式呢？在与客户相处时，你可以通过以下三种行为方式来展现。

1. **以同等身份相处**。把你的客户当成同事或朋友，而不是上司。相处时彬彬有礼，但不必毕恭毕敬，也不用阿谀奉承。第一笔生意是对你工作的认可，如果你不相信你自己有一些有价值的东西可以和别人分享，那么他们同样也不会相信。

2. **不要看时间**。世界上让你分神的事情很多，你不应被这些事情干扰，你要完全沉浸在与客户的谈话中，尽可能集中注意力倾听对方说话。切忌不要看手机，不要想你的下一个约会，也不要想你刚看到的老板或其他客户发给你的令你头疼的电子邮件。在这 30 分钟或 60 分钟里，要让你的客户觉得他或她是你世界里唯一的人。

3. **热情洋溢**。如果你对自己的工作没有热情，对自己能为客户做的事情没有激情，那么他们为什么要与你合作呢？热情是一种被低估的品质，它来自希腊语 enhousiasmos，意思是一种兴奋或热烈的感觉，最初它被用来描述对宗教的狂热。同样，你也应该表现出对工作的热情。如果你对自己的话题感到兴奋，那么也会激发对方的兴趣，这样一来，你就能活跃房间里的气氛。

读了这本书，你已经知道如何应对发展客户关系的最大挑战。欢迎随时提出问题、发表评论，或告诉我客户发展的成功案例，我的电子邮箱是 andrew@andrewsobel.com，我很乐意收到你的来信。

祝你成功地发展客户关系！

It Starts with Clients: Your 100-Day Plan to Build Life long Relationships and Revenue

ISBN: 9781119619109

Copyright ©2020 by Andrew Sobel

Simplified Chinese version ©2023 by China Renmin University Press Co., Ltd.

Authorized translation from the English language edition published by John Wiley & Sons, Inc.

Responsibility for the accuracy of the translation rests solely with China Renmin University Press Co., Ltd. and is not the responsibility of John Wiley & Sons Inc.

No part of this book may be reproduced in any form without the written permission of the original copyright holder, John Wiley & Sons Inc.

All Rights Reserved. This translation published under license, any another copyright, trademark or other notice instructed by John Wiley & Sons Inc.

本书中文简体字版由约翰·威立父子公司授权中国人民大学出版社在全球范围内独家出版发行。未经出版者书面许可，不得以任何方式抄袭、复制或节录本书中的任何部分。

本书封底贴有 Wiley 激光防伪标签，无标签者不得销售。

版权所有，侵权必究。